El Dios al cual conocí
DETALLES Y EVIDENCIAS

CAROLINE LALLAVE

© 2024 Por Caroline Lallave
Todos los derechos reservados.

Queda rigurosamente prohibida, sin la autorización escrita de la autora y de la editorial, cualquier forma de reproducción, distribución, o transmisión de esta obra, ya sea total o parcial, por cualquier medio o método conocido o por conocer.

Citas bíblicas tomadas de la Santa Biblia, Versión Reina-Valera de 1960. © Sociedades Bíblicas Unidas. Usadas con Permiso.
Escrituras tomadas de La Biblia de las Américas® (LBLA®), Copyright © 1986, 1995, 1997 por The Lockman Foundation. Usadas con permiso.
"Escrituras tomadas de la Nueva Biblia de las Américas (NBLA), Copyright © 2005 por The Lockman Foundation. Usadas con permiso
Versículos bíblicos tomados de la Santa Biblia, Nueva Versión Internacional, NVI. © 1999 por Bíblica, Inc. Usado con permiso de Zondervan. Todos los derechos reservados mundialmente.
www.zonderban.com

Editorial Yeh-shu-ah
Kissimmee, Florida
correo electrónico: info@editorialyehshuah.com

Segunda Edición 2024
Revisión Por Jonayra Rodríguez
ISBN: 979-8-989-7101-0-2
Impreso en Estados Unidos

Editorial
YEH-SHU-AH

Elogios

La fe es un don de Dios que muchos quisieran poseer, pero muy pocos son los afortunados de creer y de no poner en duda la existencia del Ser Supremo. Cuando las cosas marchan bien solemos agradecerle a Dios, pero cuando las cosas se complican cuestionamos su propósito y hasta su existencia. Creer en lo que no vemos es algo complicado y más cuando crecemos en familias no cristianas y a eso le añadimos un gobierno que prohíbe la enseñanza teológica en el sistema educativo. El aceptar que yo sea una persona incrédula de la fe puede decepcionar a algunos, pero yo tengo un camino larguísimo por recorrer con relación a este tema y estoy convencida de que se convertirá en una etapa superada en mi vida.

Por el contrario, Carol, mi mejor amiga y escritora de este libro, es un ser de luz creyente, una persona que irradia alegría, confianza y respeto. Su dedicación y entrega siempre han sido con el fin de ayudar a los demás y de gradarle al Creador. Su convicción de leer la biblia para guiar sus pasos cumpliendo con la palabra, ha cambiado su perspectiva de cómo vivir la vida. Ahora existe un propósito y es el encontrar la paz, felicidad y sabiduría espiritual con el fin de alcanzar la vida eterna. En el proceso ella ha sido bendecida, tiene la fortuna de comunicarse con el Señor a través del Espíritu Santo. Sus experiencias y anécdotas al respecto son increíbles y asombrosas. Tenemos muchos que aprender de ella y sus consejos nos pueden ayudar a tener una mejor comunicación con Dios. Además, a personas como yo, nos ayuda a salir de tinieblas y dudas abriendo nuestro corazón al Todo Poderoso. Le estaré siempre agradecida por ser parte de su vida y por escribir un libro que nos guíe a encaminar nuestros pasos hacia una vida plena.

- Jonayra Rodríguez

Impactada por los testimonios de este libro, me tomo un momento para decir que verdaderamente Dios (Jehová de los ejércitos), es más detallista de lo que pudiera imaginar y doy honor a Él. Sin pasar por alto, como mi amiga del alma, Caroline Lallave, se pudo dar cuenta de cada detalle y momento especial que el Señor estaba teniendo. Puedo decir que he sido testigo de muchas experiencias maravillosas con el Señor, pero al leer este libro me doy cuenta de que los límites van más allá de nuestras expectativas y podemos experimentar más de sus revelaciones a medidas que pasamos tiempo con Él si estamos pendientes de los detalles. También cuando estudiamos su palabra, la autora de este libro, siempre me decía "Dios le habla a tu conocimiento", cosa que siempre he tenido presente y me han ayudado mucho... muchísimo.

Siempre he admirado el trato especial que el Señor tiene con ella, pero puedo decir que también admiro como ella lo ama a Él, pues lo que leí en este libro es lo que pasa cuando le demuestras tu amor.

¡Te felicito! No voy a negar que me sacaste las lágrimas y eres un ser sumamente especial no solo para el Señor, sino para mí también. Espero que todo el que lea este libro pueda apreciar y analizar los detalles de Dios y así buscar experimentar la grandeza de Dios en sus vidas. ¡Dios los bendiga!

- **Elfan Borges**

Dedicatoria

Este libro va dedicado a nuestro Padre Celestial, quien no escatimó en entregar a su hijo Jesucristo en sacrificio; otorgándonos de esta manera, tanto la vida eterna como al Espíritu Santo, nuestro mejor amigo.

Agradecimientos

Siempre estaré agradecida con todas las personas que han sido un pilar para mi vida. En primer lugar, a mi fallecido Pastor José M. Roque y a su esposa Minerva Roque, por su legado y su aportación en mi formación de nueva convertida.

A los pastores Víctor y Lizzette Rosario, que fueron mis líderes y mis guías, convirtiéndose así en parte de mi familia.

A nuestro padre espiritual, Pastor Harry Nieves, por su amor y confianza depositados en mí, más su admirable ejemplo de obediencia y perseverancia para con Dios.

A mis padres Danny Lallave y Blanca Iris Caraballo, por todo su amor y los valores que me enseñaron con su ejemplo, más que con sus palabras. A mis hermanos Denny, Tato, Bryan y Natalie Lallave, por respetar y apoyar mi caminar con Dios durante estos años.

A Michael Bellido, mi compañero de aventura, por su apoyo y dedicación como padre de familia y esposo. A mis hijos Delaney y Dereck Bellido Lallave por llegar a mi vida para llenarla con su alegría.

Contenido

INTRODUCCIÓN……………………………………13

CAPÍTULO I

DIOS Y SU PLAN PERFECTO………………….. 17

CAPÍTULO II

EL DIOS DE LOS SUEÑOS ………………………….41

CAPÍTULO III

EL DIOS QUE HABLA POR MEDIO DE LAS VISIONES
………………………………………………….. 59

CAPÍTULO IV

EL DIOS QUE CUMPLE SUS PROMESAS ……………. 71

CAPÍTULO V

EL DIOS DE DETALLES……………………………. 85

CAPÍTULO VI

UN DIOS DE SANIDAD …………………………...101

CAPÍTULO VII

EL DIOS DE LOS CIELOS 117

CAPÍTULO VIII

EL DIOS QUE PREMIA LA OBEDIENCIA...............131

CAPÍTULO IX

EL DIOS QUE DA, EL DIOS QUE QUITA.................143

CAPÍTULO X

EL DIOS VIVO Y VERDADERO 157

CAPÍTULO XI

EL DIOS DE LIBERTAD.....................................169

CAPÍTULO XII

EL DIOS QUE PRUEBA SU AMOR 179

BONOS

NOMBRES DEL PADRE, HIJO Y ESPÍRITU SANTO... 191

ACERCA DE LA AUTORA 195

Introducción

Durante muchos años creí conocer al Dios de la creación, sin embargo, no fue hasta que Su Palabra me confrontó que comprendí que la cruz era imposible de entender si antes no reconocía mi vida de pecado. No puedo negar que fue doloroso, pero a través de ese proceso se abrió mi corazón. Con amor, el Señor entró y se sentó a cenar conmigo, permitiéndome conocerle como nunca antes.

"He aquí, yo estoy a la puerta y llamo; si alguno oye mi voz y abre la puerta, entraré a él, y cenaré con él, y él conmigo."
Apocalipsis 3:20 (RVR).

Caminando de su mano aprendí que fuimos creados con una capacidad general para comunicarnos con Dios, pero también con una capacidad de comunicación única y exclusiva. Esta interacción se puede descubrir a través de la experiencia. A mayor búsqueda de Su Palabra, mayor será la comunión; a mayor comunión, mayores serán las experiencias reveladoras y estas serán las que te ayudarán a conocerle más de cerca.

Contar algunas de las experiencias celestiales que el Señor me ha permitido vivir ha sido una de mis más grandes pasiones. Descubrir su plan perfecto en cada una de ellas me apasiona aún más. Ciertamente, Dios siempre ha tenido un plan, solamente está esperando que le demos la oportunidad para revelarlo. Si aun así, lo pasamos por alto, Él se asegura de que sus planes alternos continúen guardando celosamente el propósito divino que depositó en nosotros.

En este libro te contaré las formas particulares que Dios usó para revelarme alguno de esos planes. En los siguientes capítulos podrás encontrar *evidencias* de que Él:

- Siempre cumple una promesa.

- Aún vive, sana y liberta.

- Usa cada detalle para hablarte.

- Siempre prueba su amor por ti.

- Siempre tiene un plan.

- Cumple a perfección Su Palabra.

Cada una de mis vivencias te brindará detalles específicos de cómo Dios me permitió percibir cada reto y lo que aprendí de cada uno de ellos. Te puedo asegurar que te servirán como referencia para comenzar a vivir experiencias con Dios similares o mayores que estás en Su nombre.

"De cierto, de cierto os digo: El que en mí cree, las obras que yo hago, él las hará también; y aun mayores hará, porque yo voy al Padre". **Juan 14:12 (RVR).**

Estoy convencida de que aprenderás a identificar la salida a cada una de tus pruebas (Ver 1 Cor. 10:13), y a apreciar las victorias, tanto de lo que ganas como de lo que pierdes (Ver Fil. 1:21).

Yo recibí poder cuando vino sobre mí el Espíritu Santo, así como Jesús prometió en Hechos 1:8: «pero recibiréis poder, cuando haya venido sobre vosotros el Espíritu Santo, y me seréis testigos en Jerusalén, en toda Judea, en Samaria, y hasta lo último de la tierra». Así que hoy me toca ser testigo. Hoy te abro mi corazón y coloco en tus manos mis memorias para que tanto aquí, como el último rincón que este libro pueda alcanzar, el nombre del Señor sea glorificado.

Luego de leer este libro, serás tú quien cuente todas las maravillosas experiencias que Dios te permitirá vivir para edificación de otros.

CAPÍTULO I

DIOS Y SU PLAN PERFECTO

CAPÍTULO I

Dios y su plan perfecto
ECLESIASTÉS 3:1 (RVR1960)

«Hay un tiempo señalado para todo, y hay un tiempo para cada suceso bajo el cielo.»

Dios siempre tiene un plan y en ese plan perfecto se encuentra la hora y el día en que se cumplirá todo lo que Él ha escrito sobre ti. El Señor ha trazado cada capítulo de nuestras vidas y el propósito final siempre será acercarnos a Él. Nuestro Padre está dispuesto a revelar ese plan a todos aquellos que deseen descubrirlo (ver Salmos 25:14).

I. LA FIRMA, LA REVELACIÓN DE LA EVIDENCIA

Una de las formas que Dios usa para revelarme que voy por el camino correcto la llamo «la firma». No es otra cosa que la evidencia de que su mano ha estado presente en mis procesos. Es la señal y prueba de su intervención divina, la cual revela lo que Dios es capaz de hacer por amor a ti. ¿Estás dispuesto a descubrir la firma del Señor en tu vida y operar bajo una unción especial? Mi historia te va a ayudar con eso.

Mientras oraba y conversaba con Dios en mi cumpleaños número 37, vino a mi mente un testimonio que escuché del Pastor José M. Roque. Él compartió cómo el número 7 siempre estaba presente en momentos específicos de su vida. Convirtiéndose en evidencias del perfecto plan de Dios. Era algo asombroso y único, una especie de "firma" divina que solo Dios podría concebir. Su vida fue sellada más o menos así:

Reverendo José M. Roque	La "firma" La evidencia del Plan Perfecto
Fecha de nacimiento	27 de septiembre de 1947
Aceptó al Señor	7 de mayo de 1967
Graduado del Instituto Bíblico Latinoamericano en New York	1970
Graduado de Teología Avanzada	1974
Casado con Minerva Roque	14 (dos veces 7) de junio de 1975
Dios los bendijo con dos hijos	7 nietos
Fue Pastor de la Segunda Iglesia Alpha y Omega en N.Y.	1977
Ordenado como Reverendo	Julio (mes 7) 1982
Partió a morar con el Señor	A sus 76 años

El Pastor Roque encontraba en el número 7 una evidencia constante de que la mano de Dios rodeaba su vida. Una vez que esta revelación le fue otorgada, Dios me mostró mi propio nacimiento como si fuera una película. Nací en un día 7 del año 1977 y entendí que esto confirmaba que fui parte de un plan perfectamente trazado.

Esta experiencia me hizo recordar la veracidad de la Palabra de Dios que nos enseña que hay un tiempo determinado para todo y que cada suceso tiene su momento bajo el cielo. Al ver cómo mi nacimiento coincidía exactamente con el número 7, comprendí que Dios no miente y que Su plan para mi vida fue cuidadosamente diseñado desde el principio.

Recordé que al nacer pesé 7 libras y que viví en un edificio #7 hasta mis siete años, evidencia de que nunca me perdió de vista. ¿No es extraordinario saber que Dios conoce tu entrada y tu salida? ¿No es impactante comprobar que de verdad Él conoce todo sobre ti? Claro que sí, así lo afirman las Escrituras.

Jer. 1:5 Antes de formarte en el vientre te conocí, y antes que nacieras te santifiqué; te di por profeta a las naciones".

Entregué mi vida al Señor a los 27; Él me espero con amor y paciencia para poder poner esa marca sobre mí, como diciendo: «Yo te llamé y te escogí en el momento perfecto; ve y grita al mundo tus evidencias y afirma que en

«EN LA PERFECCIÓN SIEMPRE ENCONTRARÁS LA FIRMA DE DIOS»

la perfección siempre encontrarás la firma de Dios». ¡Alabado sea el nombre del Señor!

Aquella revelación quedó registrada en mis redes sociales el día de mi cumpleaños. Recuerdo que había enumerado mis descubrimientos y los compartí ese mismo día y decía más o menos así:

El año 2007 fue significativo para mí:

* Me gradué como maestra.
* Visité por primera vez mi iglesia, PICM.
* Conseguí mi primer trabajo como maestra.

El 7 de febrero de 2014, todos estos recuerdos cobraron un nuevo significado. Me di cuenta de que cada evento también cumplía siete años desde que ocurrieron en mi vida. Fue como abrir una caja especial llena de momentos memorables.

Guardaba libretas en las que anotaba mis sueños, revelaciones, promesas cumplidas, profecías y mis conversaciones con el Espíritu Santo. Cuando me dispuse a repasarlas, noté la cantidad de veces que el Señor me habló a las 7 de la mañana o de la noche, los días 7, 17, 27 y en el mes 7. Aquello fue sobrenatural, lo que no sabía era que hoy son la prueba tangible de lo que hablo.

Entendí que creer en el testimonio del pastor no solo me dejó ver que Dios estuvo siempre conmigo, sino que me permitió recibir esa unción para poder operar bajo las mismas señales del ungido.

«HONRAR TE DA ACCESO A LAS SEÑALES DEL UNGIDO»

Mi hija es una joven bendecida con una increíble gracia y favor de parte de Dios. Nació en el mes 7, pesó siete libras al nacer y tuve un parto de 17 horas para traerla al mundo. Al principio, ella no entendía como Dios obraba en ese aspecto. Sin embargo, a medida que reflexionaba sobre estos patrones, comenzó a honrar trato especial de Dios hacia mí. Fue ahí que se dio cuenta de que también operaba bajo la misma unción. Esta revelación transformó su perspectiva y fortaleció su fe. Aprendió a confiar en que Dios la guiaría y respaldaría en todas las circunstancias de su vida. Ya no veía los números como simples coincidencias, sino como recordatorios constantes del amor, el favor y la presencia de Dios en nuestra historia.

He recibido numerosos testimonios de personas que, tras leer la primera edición de este libro, descubrieron la presencia evidente del Señor en sus vidas. Estoy segura de que tú también encontrarás esa conexión especial. ¡Demos toda la gloria y honra a Dios!

II. FUNDAMENTO BÍBLICO

No podemos negar que Dios nos ha dejado enseñanzas por diversos medios como: códigos, enigmas, parábolas, metáforas y números con el propósito de comunicarnos mensajes profundos y significativos en Su Palabra. Además, mediante Su Espíritu Santo, nos ha otorgado el privilegio de hablarnos directamente, sin limitarse a:

✴ **Profecía:** Dios habla por medio de profetas a quienes les revela mensajes específicos para transmitir a su pueblo. Estos mensajes pueden ser de advertencia, consuelo, corrección o instrucción. En el Antiguo Testamento, encontramos numerosos ejemplos de profetas como Moisés, Elías, Isaías, Jeremías y Ezequiel, entre otros.

✴ **Sueños y visiones:** Dios se comunica a través de sueños y visiones. En el libro de Génesis por ejemplo, José interpretó los sueños del faraón y así pudo predecir el futuro. En el Nuevo Testamento, el apóstol Pedro tuvo una visión que le llevó a comprender que el evangelio también era para los gentiles (Hechos 10:9-16).

✴ **Ángeles:** En ocasiones, Dios envía a sus ángeles como mensajeros. Por ejemplo, el ángel Gabriel fue enviado para anunciar el nacimiento de Jesús a María (Lucas 1:26-38). También en el libro de Apocalipsis, Dios utiliza ángeles para transmitir mensajes específicos a las iglesias (Apocalipsis 2-3).

* **Convicción del Espíritu Santo:** El Espíritu Santo obra en la vida del creyente para guiarlo. Jesús prometió enviar al Espíritu Santo para que nos guiara en toda verdad (Juan 16:13). A través de la convicción interna, la voz suave y la enseñanza del Espíritu Santo, Dios nos habla y nos dirige en nuestra vida diaria.

* **Milagros:** Dios obra milagros para manifestar su poder y comunicar su mensaje. Estos eventos sobrenaturales pueden incluir sanidades, liberaciones, multiplicación de provisiones, entre otros. A través de los milagros, Dios puede revelar su presencia, su amor y su voluntad a las personas.

* **Dones espirituales:** Dios concede discernimiento espiritual a aquellos que buscan su guía. Este discernimiento puede permitirles comprender la verdad, distinguir entre el bien y el mal, y tomar decisiones sabias basadas en la voluntad de Dios.

* **Circunstancias sobrenaturales:** En ocasiones, Dios utiliza circunstancias sobrenaturales o eventos extraordinarios para comunicarse con las personas. Estos pueden incluir manifestaciones visibles de su gloria o intervenciones directas en la realidad física. Por ejemplo, la zarza ardiente en la que Dios se reveló a Moisés (Éxodo 3:1-6) o la transfiguración de Jesús ante sus discípulos (Mateo 17:1-8).

✱ **Instrucción y enseñanza a través de líderes espirituales:** Dios también utiliza líderes espirituales ungidos y dotados por Él para comunicarse con su pueblo. Estos líderes como: profetas, maestros y pastores pueden transmitir la Palabra de Dios, brindar enseñanzas, exhortaciones y consejos basados en la revelación divina.

Yo ignoraba que la numerología es otra forma en la que Dios puede comunicarse. La misma es un campo amplio y tiene diferentes tipos de ramas, algunas de ellas son prácticas antibíblicas que en nada recomiendo. Sin embargo, la numerología bíblica tiene su enfoque en ciertos números y su repetitivo significado. Se cree que revelan aspectos espirituales o divinos que se convierten en herramientas para entender la biblia y su perfección. La misma tiene raíces antiguas en la cultura hebrea.

✱ **Gematría:** Es la forma específica utilizada en la cultura hebrea para encontrar conexiones y significados ocultos en palabras y frases hebreas. Cada letra tiene un valor numérico específico.

✱ **Numerología bíblica**: Se centra en el estudio de los números y su simbolismo en el contexto de la Biblia.

Aquí compartiré algunos ejemplos y fundamentos desde la perspectiva bíblica de hoy:

(El número 1) representa la unidad y la singularidad de Dios.

1. **Unidad:** (Efesios 4:4-6). Este pasaje menciona que hay "un solo cuerpo y un solo Espíritu". Esto se refiere a la *unidad* del cuerpo de Cristo, es decir, la Iglesia, y la presencia del Espíritu Santo en la vida de los creyentes.

2. **Singularidad:** (Dt. 6:4) Oye, Israel: Jehová nuestro Dios, Jehová uno es. Este versículo destaca la *singularidad* de Dios.

(El número 2) representa el testimonio y la confirmación.

1. **Testimonio:** (Dt. 19:15) "No se levantará un solo testigo contra ninguna persona por cualquier iniquidad, o por cualquier pecado, en relación con cualquier ofensa que haya cometido; solo por el *testimonio* de dos o tres testigos se mantendrá en pie la acusación". Se asocia con la validez y la *confirmación* de la verdad.

(El número 3) representa tiempo de cumplimiento, resurrección y la Trinidad.

1. **Trinidad:** (Mt. 28:19 y 2 Cor. 13:14) Aunque la palabra "Trinidad" no aparece en la Biblia, estas porciones confirman la existencia de Dios en tres personas: Padre, Hijo y Espíritu Santo.

2. **Resurrección:** (Mt. 12:40 y Lc. 24:46) Jesús profetizó su *resurrección* al tercer día, *cumpliendo* las profecías. Mateo 12:40 y Lucas 24:46 lo respalda.

(El número 4) representa la totalidad de la tierra.

1. **Totalidad de la tierra:** (Ap. 7:1, Is. 11:12, Ez. 1:4-10) El número cuatro tiene un significado simbólico en la *totalidad de la tierra* y la creación, asociado con los

cuatro puntos cardinales, las cuatro esquinas de la tierra y la visión de los cuatro seres vivientes, entre otros pasajes.

(El número 5) representa la provisión y los ministerios.

1. **Provisión:** (Mt. 25:2, 14:13-21) Se evidencia en la *multiplicación* de los panes y los peces.

2. **Ministerios:** Distribución de dones y *ministerios* en la iglesia, resaltando el poder de Dios para proveer y capacitar a su pueblo.

(El número 6) representa la imperfección y la humanidad. También se asocia con el mal y el engaño.

1. **Humanidad:** (Génesis 1:26-27) *Humanidad,* el hombre fue creado al sexto día.

2. **Imperfección:** (Ap. 13:18) se menciona el número 666 como el número de la bestia, que simboliza la rebelión y la *imperfección* del ser humano alejado de Dios.

(El número 7) representa la plenitud y la revelación de los planes de Dios en su totalidad.

1. **Perfección:** (Gen. 2:1-3) *Perfección* divina: En el relato de la creación en Génesis, se menciona que Dios completó su obra en seis días y descansó en el séptimo día, declarándolo santo. Esto implica que el séptimo día representa la plenitud.

2. **Revelación de los planes:** (Ap. 1:4 y 3:1) En el libro del Apocalipsis se mencionan los siete espíritus de Dios en varias ocasiones. Esto implica que sus planes siempre son revelados.

(El número 8) representa los nuevos comienzos y la identidad mediante la circuncisión.

1. **Nuevos comienzos:** (Lc. 24:1-3) Se relata la visita de las mujeres al sepulcro de Jesús al amanecer del primer día de la semana, después del sábado, *un nuevo comienzo*.

2. *Identidad y* **Circuncisión:** (Lc. 2:21) A los ocho días de nacido, Jesús fue circuncidado, esto estableció su identidad y conexión con el pueblo judío.

(El número 9) representa el fruto del Espíritu, los dones espirituales y el temor de Jehová.

1. **Dones:** (1 Cor. 12:8-10) Se enumeran nueve *dones* espirituales que son: palabra de sabiduría, palabra de conocimiento, fe, dones de sanidades, operación de milagros, profecía, discernimiento de espíritus, diversidad de lenguas e interpretación de lenguas. Estos dones representan la plenitud para edificar y fortalecer a la Iglesia.

2. **Fruto del Espíritu**: (Gál. 5:22-23) Se mencionan nueve características del *fruto del Espíritu*: amor, gozo, paz, paciencia, amabilidad, bondad, fidelidad, humildad y dominio propio. Estas cualidades representan la plenitud del carácter transformado por el Espíritu Santo en la vida.

(El número 40) representa un tiempo de preparación y prueba.

1. **Preparación:** (Éx. 24:18, Éx. 4:28) El número 40 se asocia con un período de *preparación* y en la Biblia. Por ejemplo, Moisés pasó 40 días y 40 noches en el monte Sinaí recibiendo los mandamientos de Dios.

2. **Prueba:** (Mateo 4:1-2). Durante este tiempo, Jesús se fortaleció espiritualmente y resistió las tentaciones, preparándose para su misión y *prueba*.

II. APRENDIENDO A VIVIR CON LAS EVIDENCIAS

He aprendido a ver las evidencias como la confirmación de su aprobación en mis decisiones. Son como brújulas que muestran hacia dónde debo dirigirme y me ayudan a identificar las falsas señales que no provienen de Él. No siempre que el número siete aparece significa que Dios me está hablando. Con las huellas llegará siempre la convicción del Espíritu Santo, quien guía a toda verdad y a toda justicia. Es así como sé que un mensaje proviene de Él.

A continuación te comparto una serie de testimonios que sucedieron luego de que Dios me revelara esta unción especial con la que me bendice. También compartiré lo que aprendí viviendo estas increíbles experiencias:

✶ **Mi apartamento**

En el 2015 nos mudamos al estado de la Florida. Allí rentamos un apartamento desde Filadelfia. Para nuestra sorpresa, el apartamento era el 757. No teníamos idea, no fue de ninguna manera planificado. Imagina la paz que nos inundó en ese momento. Fue sorprendente que, a través de este simple número, Dios nos volvió a confirmar que ese fue el lugar que nos quería posicionar.

Antes de viajar ya había recibido paz. Los números fueron simplemente la evidencia de esa paz. Así que cuando no sepas si algo proviene de Dios o no tengas una evidencia como está en tus manos, clama al Espíritu Santo para que te dé la paz. Esa será la evidencia más segura que te dirigirá al lugar correcto.

✳ **Las danzas**

Por motivos de mudanza, deje de danzar. Debía hacerme miembro de la nueva iglesia y no tenía idea de cuándo Dios me abriría nuevamente las puertas al ministerio. En la espera, pasé por alto el detalle de que no había danzado por un período de siete meses. Cuando me di cuenta, encontré mi respuesta. Aprendí que tenía la evidencia de que el tiempo que había pasado sin danzar fue dispuesto por Él y no por las circunstancias.

Un domingo, el Espíritu me habló en el estacionamiento y me dijo:

—Te acerco al altar.

Ese día llegamos tarde al servicio. Los únicos asientos sin ocupar se encontraban a siete pies del altar. Pensé que era un detalle lindo y que solo se trataba de que estaría cerca de la plataforma física, pero no fue así. La unción y la manifestación de su presencia fue diferente, muy notable ante todos y el Espíritu volvió a hablar y me repitió:

—Te acerco al altar. 27.

Escuché aquel número y supe que me estaba dando la fecha en la que volvería a danzar. Justamente el 27 de ese mismo mes, Dios me abrió las puertas al ministerio en mi actual iglesia, Ciudad de refugio.

✷ Mi primer trabajo en Florida

Otra prueba de su mano en mis procesos fue mi primer trabajo en la Florida. En aquella temporada era difícil conseguir un empleo, y el que yo quería se hacía cada vez más lejano. Todas las puertas se habían cerrado y cuestionaba al Señor mi mudanza. También me preguntaba si la única tienda que me había llamado estaba en su plan. Tenía mis dudas y mis reservas para trabajar allí, pero el día llegó. Me tocó el departamento de juguetes y aunque parezca increíble era el departamento número siete. No fue casualidad: sino propósito. Con eso, Él me decía que me necesitaba allí. ¡A Dios la gloria!

Amé mi trabajo, contrario a lo que pensaba antes de ver su firma en medio de la contratación. Una vez que supe que Él me había colocado allí, tuve la certeza de que debía ser un puente de bendición en ese lugar. Y así fue. Muchas personas recibieron reconciliación, sanidad, promesas y palabra del Señor.

Me sorprendió la manera en que Dios me lo hizo saber. ¿Acaso no fue ese un plan bien elaborado? Tal vez estés pasando por un momento difícil en tu trabajo y quizás no desees continuar. A todos nos sucede en algún momento de la vida. Sin embargo, debemos identificar si es oposición o propósito. Preguntarnos cuál es la intención con la que Dios nos ha colocado en ese lugar nos ayudará a seguir adelante en nuestra misión sin perder de vista el objetivo.

✴ **Mi casa**

Al siguiente año en el mes de julio, recibí una visita de mi madre espiritual Lizzette Rosario, mujer a quien amo y es clave en mi vida cristiana. Orando juntas en mi apartamento, el Señor le mostró que pronto nos daría una casa. Así fue, en dos meses se nos presentó la oferta de una casa cuya dirección tenía el número 720. En aquella ocasión, la dirección de la casa significaba tres cosas:

-Que estaba en el lugar correcto
-Que era Él quien me la entregaba
-Y que me daba la victoria.

Creí que esta última no era necesaria, más lo que no sabía era que me encontraría una fuerte oposición para obtenerla. Aun así, cumplió una vez más su promesa y obtuve la casa, para su gloria.

✴ **Los arabescos**

En el antiguo templo de mi iglesia había unos arabescos de metal que me encantaban. Yo solía contemplarlos allí en la pared y mi vista siempre llegaba a ellos. Un día se lo comenté a una hermana y ella me dio un dato muy interesante. Las dimensiones que tenía y la manera en la que estaban colgados no fueron intencionadas, pero las medidas eran de 7, 17, y 27 pulgadas. Quedé impactada y me pregunté: ¿por qué recibí esa información? ¿Qué habría de especial en esto? Fueron preguntas que no tardaron en contestarse.

Un día, mi pastor Harry Nieves, sacó aquellos arabescos de metal que ya no iban a utilizarse. Mi esposo se los pidió sin saber que me gustaban. Minutos después me regalaron aquella decoración que tanto me encantaba. Muy contenta, los llevé a mi casa. Deseaba colgarlos de inmediato, así que busqué unas tachuelas para marcar el punto exacto donde los quería. Mi esposo tendría que poner allí las extensiones, así que tomó su cinta de medir y al verificar las medidas, me preguntó:

—¿Cómo lo hiciste?

—¿Cómo hice qué? —le respondí.

—¿De qué forma lograste poner las medidas exactamente iguales sin medir?

Yo me sorprendí por qué no había utilizado ninguna. Comenzamos a reírnos cuando me mostró la precisión de 77 pulgadas con que coloqué ambas tachuelas. No había duda. No había casualidades ni tampoco fue una coincidencia. Aquel día le pregunté a Dios:

—¿Por qué haces esto?, ¿cuál es tu plan?

Había notado que Él estaba dándome ideas para decorar mi hogar; y me respondió:

—Esta casa será casa de bendición.

Y desde entonces así ha sido. ¡Mi alma adora a Dios!

✶ Mi libro

Otro gran testimonio se dio muchos años atrás cuando tuve una visión mientras iba camino a reunirme con una hermana. Aquella tarde mientras conducía, de la nada, vi unas imágenes como las de una película. En ella me vi sentada en una mesa, presentando y firmando libros. No pude especificar el lugar, pero sí la multitud de gente que me rodeaba. El Señor habló a mi espíritu y me dijo:

—Escribe, tu escritura será ungida. Todo esto escribirás y lo compartirás y mostrarás lo que has aprendido.

Recuerdo haberle pedido que me diera una señal para confirmar que era Él hablándome y con amor cumplió aquella petición y comencé a hablar en lenguas hasta llegar a mi destino.

Llegué temprano y tomé la libreta que se supone utilizaría en la reunión y escribí toda mi experiencia tal cual la viví. Allí estaba documentada la evidencia que serviría de testimonio en algún momento. Por cosas del Señor, aquel cuaderno desapareció de mi vista por mucho tiempo.

Pasado algunos años, mientras me encontraba en mi trabajo, en marzo de 2018, tuve la inquietud en mi espíritu de que ya era tiempo de escribir mi libro. Sentía que el cumplimiento de la promesa estaba cerca, más lamentaba no tener a la mano aquella evidencia que reafirmaría mis siguientes pasos. Llegué a la casa esa tarde y para mi sorpresa, mi hija me esperaba con un libro escrito por su amiga de diecinueve años. Entendí que era una confirmación de hacia dónde debía dirigirme. Fui a bañarme y escuché claramente la voz del Espíritu Santo que me repitió:

—Escribe, recuerda que he ungido tu escritura y te he dotado de capacidad para escribir en otras lenguas. Es tiempo.

—Amén, Señor —respondí—. Al salir del baño tomaré mis cuadernos, iré de rodillas y me hablarás.

Y así lo hice.

Cuando salí del baño, una presencia muy fuerte inundó mi habitación. Corrí a buscar mis libretas y encontré una que pensaba que era de mi esposo y al abrirla, vi un pequeño mensaje. Ese mensaje, para mi sorpresa, era el que documentaba al pie de la letra la visión que el Señor me mostró en aquel año y donde yo presentaba mi libro y los firmaba. ¡Aleluya!

Comencé a llorar, mi asombro era tanto que no podía creer que había llegado el tiempo tal como lo escuché y tal cual me lo reveló. Muy sorprendida, al seguir leyendo, descubrí algo que escribí al final de mi relato y me dejó aún más maravillada de la perfección de Dios en todo lo que hace; yo había escrito:

Todas estas cosas se me mostraron, no van a pasar pronto, falta mucho por vivir.

Había olvidado ese detalle. Busqué la fecha escrita y decía 2011, lo que confirmaba que habían pasado siete años desde aquella visión. Él usó los siete años para confirmar que mi libro y aquella visión era deseo suyo y hoy una promesa cumplida.

✳ Experiencias por medio de mis experiencias

Había una dama cuya vida estuvo marcada por una serie de experiencias dolorosas. Desde su infancia, notó que el número 3 siempre parecía estar presente en momentos significativos de su vida. Al leer mi libro, llegó a comprender que este patrón no era una simple coincidencia, sino una señal divina de la presencia de Dios en medio de sus pruebas más difíciles.

Un día, mientras compartía su historia con lágrimas en los ojos, reveló que había sido víctima de abuso por parte de tres personas diferentes. A medida que reflexionaba sobre esto, encontró consuelo al saber que Dios nunca la dejó sola y llegó a comprender que Dios siempre había estado a su lado, incluso en los momentos más oscuros.

Fuimos marcados con su puño y letra. No existen casualidades, sino planes en Dios y nosotros somos parte.

Sé que también en algún momento Dios ha firmado tu vida y cuando lo descubras sabrás que será un honor, como lo fue para mí, poder contar tus propios testimonios. Sé que serán la llave con la cual otros abrirán sus archivos y descubrirán las evidencias que dejarán al descubierto las mentiras que Satanás alguna vez dijo sobre ellos.

> «NO EXISTEN CASUALIDADES, SINO PLANES EN DIOS, Y NOSOTROS SOMOS PARTE.»

NOTAS

Envíanos tu experiencia a:
info@editorialyehshuah.com

Síguenos para más testimonios:
Testimonios Cristianos tc

CAPÍTULO II

EL DIOS DE LOS SUEÑOS

CAPÍTULO II

El Dios de los sueños

Joel 2:28 (RVR1990)

«Y sucederá que después de esto, derramaré mi Espíritu sobre toda carne; y vuestros hijos y vuestras hijas profetizarán, vuestros ancianos soñarán sueños, vuestros jóvenes verán visiones.»

Dios habla a través de los sueños y en este capítulo compartiré contigo no sólo las razones, sino también las evidencias de por qué lo hace. El sueño es uno de los lenguajes que utiliza y puedo afirmarlo no solo basándome en mis experiencias, sino también por las Sagradas Escrituras.

Existe una diferencia entre soñar y el don de interpretar los sueños. En el caso del primer sueño de José, no fue él quien lo interpretó, sino sus hermanos (ver Gén. 37:5-8). Sin embargo, a medida que José creció en sabiduría, aprendió y pudo decir a Faraón el mensaje que Dios le había enviado. Si eres alguien que sueña mucho, pero no puedes interpretar tus sueños, te animo a sumergirte profundamente en la Palabra de Dios y ejercitarte en ella. El Espíritu Santo te concederá revelaciones acerca de tus sueños, porque cuando Él habla, es porque desea que podamos entender.

Además de José el soñador y Abimelec, la biblia registra los siguientes:

* Daniel: Un profeta del Antiguo Testamento, también fue conocido por su habilidad para interpretar sueños. En el libro de Daniel se describen varios sueños y visiones que él recibió y que pudo interpretar con la ayuda de Dios.

* Nabucodonosor: Aunque no era un personaje de fe en el sentido estricto, el rey babilonio Nabucodonosor tuvo sueños que requerían interpretación. En el libro de Daniel se relata cómo Nabucodonosor tuvo un sueño perturbador y buscó a Daniel para que lo interpretara. Daniel reveló el significado del sueño que implicaba eventos futuros y el juicio divino.

* Gedeón: En el libro de Jueces, Gedeón recibió un sueño que le dio confirmación y dirección divina para llevar a cabo la liberación de Israel de los madianitas. El sueño y su interpretación le dieron confianza y fortaleza para llevar a cabo la misión encomendada por Dios.

* Salomón: El rey Salomón, conocido por ser Sabio, recibió sabiduría por medio de un sueño.

* Pedro: En el Nuevo Testamento, el apóstol Pedro tuvo un sueño visionario que se relata en el libro de Hechos. En

este sueño, Dios le mostró una visión simbólica que le ayudó a comprender que el evangelio debería ser compartido con los gentiles, rompiendo las barreras culturales y religiosas existentes.

Yo he sido testigo de que Dios utiliza los sueños para mostrar sus planes, hacer llamados, otorgarnos lo que necesitamos y otras veces para corregirnos. De hecho, pienso que es su estrategia favorita para amonestarme y es la forma que el Señor se asegura de que yo reciba el mensaje sin objeciones. Cuando me da la interpretación, ya ha atravesado mi mecanismo de defensa es decir, que mi espíritu lo recibe antes de que pueda negarme o rechazarlo.

Job 33:14-29 (Nueva Biblia Viviente)
«Porque Dios habla repetidamente en sueños, en visiones nocturnas, cuando cae el sueño profundo sobre los hombres mientras yacen en sus lechos. En esas ocasiones, Dios les abre los oídos y les otorga sabiduría e instrucción, para que cambien de opinión y sean preservados del orgullo, advirtiéndoles sobre los castigos del pecado y evitando que caigan en trampas.»

En esta versión de la Nueva Biblia Viviente podemos destacar varios puntos importantes que explican por qué Dios utiliza este medio:

✴ Usa el sueño para captar nuestra atención.

✴ Nos aconseja, nos brinda sabiduría y nos instruye.

* Nos insta a cambiar de opinión cuando estamos equivocados.

* Nos protege del orgullo y sus consecuencias negativas.

* Nos advierte sobre los castigos del pecado.

* Nos guarda de caer en trampas y situaciones perjudiciales.

Sin embargo, la versión de Reina Valera (1960) va más allá y abarca el tema de la liberación a través de los sueños:

*... Y les señala su consejo, para apartar al hombre de su acción, y esconder del hombre la soberbia, para **librar** su alma.*

Este beneficio de ser liberado por medio de un sueño es una experiencia de la cual puedo hablar basándome en varias vivencias. A veces, hay áreas en nuestras vidas en las que podemos estar sujetos sin siquiera percatarnos de ello.

Hubo un momento en mi vida en el que tenía sueños a diarios. Al principio, no los entendía porque no los podía interpretar. Con el tiempo aprendí que Dios no sólo me estaba corrigiendo, sino que libertándome.

I. LOS POLLITOS

En mi sueño, caminaba por un camino con pollitos y amarillos, algunos tenían manchas negras. Mientras los cuidaba, algunos se caían por un risco y sentía tristeza por no poder salvarlos. Dios me reveló que los pollitos representaban mis sentimientos. Algunos los protegía, pero otros los abandonaba. Los sentimientos negativos se enterraban y no podía sacarlos.

Dios me enseñó que descuidar mis sentimientos me llevaba al resentimiento. De inmediato lloré, me arrepentí, entendí que en cada situación por la que pasamos tenemos da la oportunidad de conservar nuestros sentimientos libres, falta de perdón, rechazos, culpas o resentimientos. Allí recibí liberación.

En el Salmo 16:7, se menciona: «Bendeciré al SEÑOR que me aconseja; aun en las noches mi conciencia me corrige». Años después, tuve otro sueño de liberación.

II. LAS BOLSAS DE BASURA

Soñé que me encontraba en la casa donde crecí. En el cuarto donde solía dormir, vi a Jesús echando una cubeta de agua cristalina. Observé todo el cuarto detenidamente. Luego pasé al siguiente cuarto, el cual ocupé con mi esposo después de casarme. Sin embargo, ese estaba oscuro y lleno de polvo. Al notarlo, encontré una aspiradora y comencé a limpiar. Pero el polvo que había acumulado creó una nube de tinieblas. En ese momento, el Señor me dijo: En ese momento, el Señor me dijo: «Mira» y observé un montón de bolsas de basura. Si bien la basura estaba recogida en las bolsas, me di cuenta de que no las había botado. Al despertar, me sentí abrumada en presencia del Señor, quien me dio la interpretación de mi sueño y me dijo:

—Tu pasado, yo lo he limpiado. Ahí estaban las cubetas de agua cristalina. Pero dentro de tu matrimonio, aunque intentes limpiar, si no desechas esas bolsas de basura, cada vez que intentes limpiar esa basura para estar como deseas, seguirás luchando.

En ese momento no pude contener las lágrimas. Dios me estaba haciendo saber que no podía llevar a cabo una transformación completa si no resolvía esas situaciones del pasado que ya había perdonado. Esas bolsas de basura representaban las ofensas que había perdonado, pero no olvidado; las traiciones que había perdonado, pero no olvidado, y las palabras hirientes que también había perdonado, o pero no olvidado. Él me mostró que esas cargas eran obstáculos para encontrar la felicidad en mi matrimonio.

Demás está decir que recibí liberación.

Los sueños no se limitan únicamente a los creyentes. Es cierto que hay muchos cristianos que creen erróneamente que Dios les habla exclusivamente a ellos a través de los sueños. Sin embargo, a lo largo de la Biblia encontramos ejemplos donde Dios se comunicó con personas a través de sueños, tanto creyentes como no creyentes. Por ejemplo, Dios habló al rey Abimelec en un sueño para advertirle que no tomara a Sara, la esposa de Abraham (Génesis 20:3), y también habló al faraón de Egipto en un sueño para que José interpretara sus sueños (Génesis 41:15).

Sin embargo, es importante aclarar que no todos los sueños provienen de Dios. Muchos sueños pueden ser el resultado del alma y lo que consumimos a diario. Mientras que otros, pueden ser influenciados por el mundo de las tinieblas. En lo personal, cuando más comunión y oración tengo, crece la oportunidad de recibir sueños que provienen de Él.

Veamos las posibles fuentes según lo describe La Palabra:

- Sueños que provienen de nuestro corazón (Is. 29:8).
- Sueños que provienen de la mucha ocupación (Ecl. 5:3).
- Sueños que provienen de Satanás y la carne (Jds 7-8).

También podemos soñar por causa de la comida que ingerimos la noche anterior y confundir un atracón de comida con un mensaje divino. Así que debemos tener cuidado y discernir aquellos que provienen de Él.

III. EL QUIZ

Hace 17 años, cuando aún no servía a Dios, tuve un sueño que todavía me estremece al recordarlo. Fue clave y decisivo en mi vida, lo llamé «El quiz» porque así es como se conoce en mi país a las pruebas cortas utilizadas por los maestros en la escuela. Me acuerdo de que desperté a medianoche llorando, no podía contener mis lágrimas y mi corazón latía a mil por hora. La sensación era extraña, acaba de escuchar la voz de Dios, pero lo que me mostró fue aún más impactante.

Soñé que era el fin del mundo; frente a mis ojos vi una calle ancha que dirigía al cielo. Algunas personas subían por allí, pero yo tenía a mis dos hijos pequeños de la mano y sólo observaba mientras debatía qué hacer. Mis hijos eran pequeños y cuando me disponía a subir con ellos, una voz me detuvo. Supe que era Dios. Me dio mucho temor escucharlo y sospechaba que me diría algo doloroso. Unos segundos después, Dios me habló y dijo:

—Si deseas entrar al cielo, tienes que dejar a tus hijos aquí.

Inmediatamente, comencé a llorar y a gritar desesperadamente. ¿Cómo era que Dios me estaba poniendo en esa posición? ¡Ellos eran mi vida! Comencé a argumentar, le expliqué que yo no podía dejar a mis bebés solos en la Tierra, los dos dependían de mí para alimentarse, ninguno era independiente. Pero mientras todo esto acontecía, muy al fondo de mi desespero, una voz en mi interior y una paz inmensa me cautivaba. Pensaba que Dios no podía ser tan cruel, que un milagro iba a pasar, que alguna cosa Él podía hacer.

Como mencioné, no le servía al Señor todavía, pero ya tenía semilla de la Palabra y otras experiencias. Así que luego de llorar y gritar, algo en mi interior me impulsó a confiar en Dios. Aunque nunca me dijo lo que haría, confíe en que Él los iba a proteger y que estarían bien. No puedo explicar del todo cómo tomé la decisión de subir y dejarlos allí, donde comenzaba la calle. Como madre estaba lista para regresar del cielo si era necesario; pero me despedí de ellos con mucho dolor y subí. Con mi corazón destrozado, rogaba por ellos mientras me dirigía al cielo. Dios estaba probando mi corazón y de alguna forma lo sabía.

Para mi sorpresa, al entrar al cielo, el Señor me estaba esperando con los brazos abiertos. Cuando miré al lado de Jesús, mis hijos hermosos también me estaban esperando. ¡Alabado sea el nombre del Señor y su misericordia!

Este sueño, de hecho, no estaba lejos de la realidad, puesto que Dios promete que todo aquel que deje a su padre o madre, hermanos e hijos, por su nombre, recibirá 100 veces más y heredará la vida eterna (Mat. 19:29). No puedo explicar con palabras, todavía me conmueve muchísimo contar esta experiencia que se sintió tan real. Dios prueba los corazones y los pensamientos (Jer. 17:10); y no cabe duda de que esa fue la forma en la que me probó a mí.

A través de este sueño, Dios me mostró que:

* Al final de cada jornada, siempre tendremos que escoger y que debemos hacerlo bien.

* Obedecerle siempre será la mejor opción.

* Por los sueños también puede probar nuestro corazón.

* Puede advertirnos sobre las pruebas que vamos a enfrentar.

* Puede revelarnos su plan para un futuro.

* Hasta en el momento más difícil de nuestra vida podemos confiar plenamente en Él.

Con los años, Dios me ha mostrado que Él habla por medio de los sueños. ¿No te has puesto a pensar que, si es una forma de comunicarse con nosotros, también desea que podamos interpretar su mensaje (Gen. 40:8)? Si bien no todos pueden, porque es un don, también Él nos enseña que podemos pedir esos dones por medio de la oración (1 Cor. 14:13).

Soñar es una parte natural del ser humano. Dios habla por este medio, Satanás lo sabe y no le conviene que busques la manera de tener este tipo de comunión con el Padre. Si eres de los que olvidan sus sueños, te exhorto a pedirle al Señor en oración que rompa con todo lo que esté impidiendo tan hermosa manifestación. Créeme, nuestro Padre te oirá y también lo hará.

«Pedid, y se os dará; buscad, y hallaréis; llamad, y se os abrirá. Porque todo el que pide, recibe; y el que busca, halla, y al que llama, se le abrirá.» Mateo 7:7-8 (LBLA)

IV. LA PESADILLA

¿En algún momento de tu vida has tenido un sueño que se repite una y otra vez y no sabes por qué? Yo he tenido varios y quisiera compartir contigo, uno que se remonta a mi niñez. Este sueño se repetía constantemente y por más de tres décadas ignoré su significado. No importa el tiempo que pase, si tu sueño proviene de Dios, sabrás la revelación a su debido tiempo.

En el sueño, mi hermano Luis y yo éramos perseguidos por unos indios. Curiosamente, yo no temía tanto por mí, porque lograba esconderme entre la maleza, pero Tato, como cariñosamente le decimos, era fuertemente acechado y lo buscaban para cortarle sus cabellos con un hacha. Yo solo observaba todo desde mi escondite. Nunca lograban hacerle daño, pero yo despertaba llorando. ¿Qué sueño tan simple, no te parece? Sin embargo, me atormentaba. Décadas más tarde, cuando ya me convertí a Dios, aquel sueño me fue revelado.

Un día, el Señor me recordó que mi hermano le aceptó a los 13 años. Él era el único que le servía y, a pesar de que esa decisión sería lo que traería la salvación a mi vida, en nuestro hogar hicimos de su vida un pequeño infierno. Unos minutos más tarde, mientras meditaba sobre eso, me acordé de la pesadilla. No fue por casualidad, sino porque Dios me tenía lista la interpretación de su mensaje.

Significaba lo siguiente:

- Los indios: Simbolizaban a los demonios.

- La persecución: Representaba las pruebas por las que atravesaría mi hermano por causa del evangelio.

- El cabello de mi hermano: Así como el cabello de Sansón, era una señal representativa del pacto de consagración que tenía con Dios (Jueces 16). El de Luis aludía la relación que él tendría con el Padre, el llamado de Dios y la gloria que estaría sobre su vida.

- El hacha: Personificaba las armas de Satanás usadas por los demonios para apartarlo de sus caminos.

- Cortar sus cabellos: Significaba la gran oposición del enemigo para que fuera salvo y evitar que la gloria de Dios estuviese sobre él.

- Yo: Era la testigo ocular de lo que él vivió y la persona que testificaría hoy aquí.

Así fue como ocurrió en su vida, siendo el único creyente en el hogar, enfrentó duras críticas, en muchas ocasiones burlas porque en mi casa no entendíamos lo que él estaba viviendo. Las ataduras en el hogar eran demasiadas. Una de las cosas que marcó a mi hermano eran las constantes confrontaciones de nuestro padre, el cual argumentaba las creencias de Tato hasta el punto de romper una pequeña radio en el que escuchaba su música cristiana.

Saber que Dios me reveló algo que pasaría, quizá unos seis o siete años más tarde, fue asombroso. Lo duro fue entender que yo era parte de esa revelación de la peor manera. En algún punto, nosotros mismos, su propia familia, fuimos esas hachas que trataron de robarle la gloria que estaba sobre él. Todavía me provoca un sentimiento increíble recordarlo e imaginar su corazón tan joven, sintiéndose solo, herido y sin apoyo. Fueron muchas veces que lo vi de rodillas orando por nosotros, haciendo guerra por nuestro hogar. Más una vez que conocí la verdad, yo pedí perdón al Padre por semejante comportamiento, el mismo que hubiera ignorado si Dios no me hubiera dado la interpretación de ese sueño.

Hoy doy gracias a Dios por el privilegio de haber tenido un hermano creyente. Fue el canal de bendición para nuestra casa. Le agradezco por abrir el camino para que todos llegáramos a sus pies. Honro a mi hermano por haber peleado la buena batalla y por no rendirse nunca. Sé que al final muchas coronas y una vida eterna serán para él. Alabado sea el nombre del Señor.

En la actualidad gozo de una relación maravillosa con el Señor. Disfruto de cada mensaje que me muestra porque me advierte y corrige mi vida. Aunque no siempre fue así. Llegué a un punto en mi vida donde solo tenía en mi memoria un montón de sueños que me hacían sentir frustrada e inconforme. Con el tiempo entendí que la única manera de conocer su interpretación era conociendo su lenguaje, el cual se aprende escudriñando la Palabra. Por supuesto que este no es un libro de interpretación de sueños, pero quiero que no te sorprendas cuando sientas que Dios quiere comunicarse contigo por medio de estos.

Llegué a la conclusión de que los sueños son parábolas contadas por el mismo Dios en la quietud de la noche. Sí, como aquellas que contó Jesús y que revelaba solamente a sus discípulos, por cuanto se les había concedido la revelación de los misterios del reino. Dios puede darnos su interpretación si estamos dispuestos a ir a su presencia, orar, escudriñar y preguntar qué es lo que nos quiere comunicar (Mat. 13).

> «LOS SUEÑOS SON PARÁBOLAS CONTADAS POR EL MISMO DIOS EN LA QUIETUD DE LA NOCHE.»

Te aseguro que Él desea hablarte y ha planificado salir a tu encuentro para revelarse ante ti, como el Dios que habla y revela a través de los sueños.

Si eres de los que sueña regularmente y hasta ahora piensas que solo son extraños y sin sentido, te invito a repetir esta corta oración para que de ahora en adelante puedas participar de este maravilloso beneficio del reino:

ORACIÓN

Altísimo Dios, Padre eterno, quiero pedirte que te glorifiques en mí. Creo en tu Palabra, creo que puedes hablar a través de los sueños; y tu Palabra dice que para el que cree todo es posible. Deseo ser parte de ese ejército de guerreros que entiende el mensaje que tú quieres dar a través de los sueños. Te prometo usarlo para tu gloria y tu reino. Te pido que me des interpretación y avives el don que hay en mí. Te lo pido en el nombre de Jesús. Amén.

NOTAS

Envíanos tu experiencia a:
info@editorialyehshuah.com

Síguenos para más testimonios:
Testimonios Cristianos tc

CAPÍTULO III

EL DIOS QUE HABLA POR MEDIO DE LAS VISIONES

CAPÍTULO III

El Dios de las visiones

Números 12:6 (RVR)
«Él dijo: Oíd ahora mis palabras: Si entre vosotros hay profeta, yo, el Señor, me manifestaré a él en visión. Hablaré con él en sueños.»

Si bien el sentido de la visión es la percepción de la realidad física, tener una visión es la acción y efecto de percibir situaciones de forma sobrenatural. Es una imagen de un tiempo en específico, ya sea del pasado o del futuro, y que trae un mensaje directo (Ver Oseas 12:10). En la mayoría de los casos, las visiones se manifiestan cuando estás despierto, pero también se pueden presentar cuando estamos dormidos; a esto se le conoce como una visión nocturna. Al igual que los sueños, interpretarlas requiere conocimiento cimentado en la Palabra.

¿Qué dice Dios acerca de las visiones en las Sagradas Escrituras?

Las visiones son una forma común que Dios utiliza para traernos un mensaje de edificación y de advertencia. Por medio de ellas nos muestra sus planes, su aprobación o su corrección. Muchos personajes experimentaron su llamado, como por ejemplo, Isaías (Ver Isa. 6); algunos, aparte del llamado, recibieron promesas, como Abraham (Ver Gén. 15); y otros como Juan (Ver Apoc. 1:9-20) a quienes se les reveló el futuro y los planes de Dios. Sin embargo, este don no quedó en aquellos tiempos, sino que Dios prometió que en los nuestros, también usaría este tipo de manifestación. Así lo confirma la Palabra en:

Joel 2:28

«Y sucederá que después de esto derramaré de mi Espíritu sobre toda carne; y vuestros hijos y vuestras hijas profetizarán, vuestros ancianos soñarán sueños, vuestros jóvenes verán visiones».

Así que las visiones son una parte integral del reino, son una promesa de parte del Señor para nosotros y sobre todo una forma en la que Él se comunica.

Después de aceptar a Jesús, muchas cosas comenzaron a cambiar en mi vida, pero no fue hasta el momento en que tuve un cara a cara con Él que me fue manifiesta mi primera visión. Debo confesar que no supe identificarla como tal, pensé que era solo producto de mi imaginación, sin saber que Dios me estaba mostrando mi llamado y lo que iba a convertirse en mi labor dentro del reino.

Solía pensar que este tipo de don no provenía del cielo; estaba acostumbrada a asociar las visiones premonitorias como algo de que desagradaba a Dios. Hasta que descubrí, por medio de la Palabra, que todo don proviene de Él y es irrevocable. Entendí que el problema radica en la forma incorrecta y anticristiana en la que la mayoría en el mundo las utiliza. Una vez que supe que es un don de Dios, le pedí que me lo diera, sin saber que ya lo tenía. Debo confesar que sentía temor porque sabía que debía estar preparada para ver lo bueno, pero también lo no tan bueno. Sin embargo, Dios conoce cada corazón y durante todos estos años, me ha mostrado cosas que he podido soportar.

Durante todo el recorrido de este libro te darás cuenta de que muchas de las experiencias que he tenido están relacionadas con este don; y quiero compartir algunas de las visiones más cotidianas e inusuales que tuve.

I. "TALK"

En una ocasión me levanté de madrugada para ir al baño, sentía que Dios quería hablarme, pero le dije:

—Señor, sabes que me acosté tarde, tú no me quieres hablar, ¿verdad?

Como quien trata de convencer a alguien de no hacer algo. Así que me devolví a mi cama. Cuando cerré mis ojos, vi un letrero verde, de esos que se usan en las calles y cuando lo leí decía la palabra "TALK", que en español significa «hablar». Demás está decir que quedé de rodillas en mi propia cama, era tanto el temor que sentía que no me pude bajar de ella. Pensaba que perdería mi vida solo por ser desobediente.

Aquella noche tuve cinco visiones y en cada una tenía un significado:

1. Lo primero que vi fueron grandes piedras de río, formando una pequeña montañita. Aquí, el Espíritu me habló y me dijo: «Holocausto, sacrificio».

2. Luego vi dos utensilios del Arca del pacto y me dijo: «Prepárate para usarlos».

3. Después, vi una especie de harina blanca tan resplandeciente que no podía distinguir, pero luego se fue tornando menos brillante. Allí observé a Jesús desde arriba, un ángulo donde podía apreciar la cruz, con sus manos crucificadas, su corona de espinas y la sal sobre su cabeza. Escuche al Espíritu decirme: «Sal»; así que deduje que no era harina, sino sal.

4. Vi el nombre del libro de Deuteronomio 16 y me dijo: «Cíñete, cilicio».

Cuando leí la Palabra que me dio en Deuteronomio 16, entendí que el Señor quería: sacrificio de alabanza, holocausto, que hiciera un ayuno durante siete días y deseaba que celebrara una Pascua. La sal era un elemento que no podía faltar (Ver Levítico 2:13); las ofrendas en el Antiguo Testamento debían ser sazonadas con sal. A pesar de que en estos tiempos no sacrificamos ofrendas, una ofrenda sazonada con sal es dada con alegría en el corazón y al prepararla con mucho cuidado demostramos el amor a quien la recibe.

Después de percatarme de todos los detalles en aquellas visiones, fui obediente; y aquel sacrificio trajo una bendición en mi vida: liberación y un crecimiento como nunca antes. ¡Alabado sea Dios!

II. LA MIRADA DE JESÚS

En otra ocasión tuve la visión de un valle y me vi entre muchas flores, todas de color fucsia. Un manto azul turquesa flotaba sobre ellas. Miré alrededor y luego me senté con Jesús. Él tomó mi mano, levantó mi rostro y me miró. Miró en la profundidad de mis ojos y me dijo:

—Ahora miro a través de ti, ahora me verán a través de ti.

Supe que vi su rostro porque no brillaba, más no recordaba nada, fue como si jamás le hubiera visto, pero ahí estaba con Él.

—¿Por qué? —pregunté.

Y me llevó a 1 Juan 4:12: «Nadie ha visto jamás a Dios. Si nos amamos unos a otros, Dios permanece en nosotros, y su amor se ha perfeccionado en nosotros.» Lo que el Señor me enseñó en esta visión fue:

✳Cuando las personas visten de un solo color, transmiten el mensaje de unidad entre ellos, incluso si no era su intención original. En esta ocasión, las flores de color fucsia representaban esa unidad que debería existir entre hermanos.

✶ Esto me fue confirmado cuando me llevo a 1 de Juan 4:12, Ahí, me estaba enseñando que la forma de ver a Dios es amándonos unos a otros.

✶Cuando Dios habita en nuestro interior, tenemos el poder de manifestar su presencia a través del amor que compartimos con los demás. Al expresar amor hacia los que nos rodean, les permitimos experimentar y comprender el amor divino

✶El manto representaba la autoridad y la cobertura que estará sobre nosotros cuando seamos perfectos en unidad.

Esa visión fue una parábola enseñada por Jesús mismo. Me mostró un principio esencial para ejercer cualquier tipo de liderazgo ministerial, fue un tiempo en donde experimente la mayor manifestación del Señor hasta ese entonces. ¡Aleluya!

III. LA LÁMPARA

En otra ocasión, el Espíritu Santo me levantó súbitamente y mi espíritu comenzó a hablar en lenguas y tuve una visión. En ella, me vi sacando una lámpara de una caja grande. Esta simple visión tenía un peso enorme; puesto que mi trabajo se trataba de empacar e inmediatamente interpreté que me hablaba de mi trabajo. Allí recordé que una compañera me había pedido oración y yo lo había olvidado, así que el Espíritu me lo recordó. Mientras intercedía, me dijo:

—Esta lámpara es ella.

Lo que el Señor estaba diciendo es que era el tiempo para que ella saliera a cumplir con su propósito. El hecho de que utilizara una lámpara es porque Dios se refiere a nosotros como la luz del mundo. Ella había estado apartada del evangelio por tres años y en ese momento estaba pidiendo oración, lo que significaba que reconoció que Él era el único que podría ayudarla a salir de donde estaba estancada. Así que Dios escuchó su petición y se movió en misericordia (Ver Mateo 5: 14-15).

IV. LA SIEMBRA

Mientras manejaba tuve la visión donde colocaba una ofrenda en un sobre y escribía: «Para el adelanto de mi casa». Recuerdo que mi esposo llegó de su trabajo y contó que también tuvo una experiencia y que el Espíritu Santo le habló y le dijo:

—Debes dar la ofrenda que puse en el corazón de tu esposa.

Mi esposo no sabía que yo había tenido la visión sobre la ofrenda, todavía no le contaba. No lo podíamos creer, recuerdo que a la cuenta de tres dijimos la cantidad exacta en voz alta. Esta fue una experiencia sobrenatural.

Fuimos obedientes; Dios estaba enseñándonos el principio de la siembra en obediencia. Así que más tarde, cuando compramos la casa, nuestro pago inicial estuvo cubierto. ¡Bendito sea Dios!

V. LA CABAÑITA

Hace pocos años, mientras veía un servicio en línea en la Iglesia liderada por el pastor Juan Carlos Harrigan, Dios me llevo en visión al tiempo futuro. Me vi claramente en aquel altar, mientras oraban por mí y mi esposo. En ese momento, no tenía conocimiento de que en los próximos meses mi Pastor Harry Nieves recibiría la cobertura pastoral de Harrigan. Para mi sorpresa ese mismo día se cumplió la visión, no solo oraron por nosotros, sino que nos ungieron.

Durante mis viajes a Kansas, le pedía al Señor que satisficiera mi hambre por su presencia, la cual crecía gracias a los testimonios y la Palabra predicada por el Pastor Juan Carlos Harrigan.

En el tercer viaje, justo en el avión, Dios me hablo muy claramente. Me instó a preparar un lugar para Él, ya que en mi hogar había espacio para visitas, para los perros y para todos los demás, pero no había un lugar separado para Él. En ese momento, el Señor me prometió que recibiría los detalles de su plan a lo largo de un día dedicado al ayuno y a la oración.

Fue durante ese tiempo de búsqueda espiritual cuando el Señor me concedió una visión impactante. En la visión, vi una cabaña, que originalmente era una pequeña casa de herramientas de dimensiones 12 × 7. En el ámbito espiritual, me golpeé la cabeza con algo, y al mirar, descubrí una lámpara. Todo esto ocurrió antes incluso de que la cabaña física fuera creada.

Movida en obediencia, construí esa cabaña tal como se me había mostrado en la visión. Hasta el día de hoy, ese modesto refugio ha sido un lugar de abundantes bendiciones y un espacio propicio para mi crecimiento espiritual, superando cualquier experiencia previa en mi vida.

Estas han sido algunas de las experiencias asombrosas que el Señor me ha permitido vivir. Dios es verdadero y derramará de su Espíritu sobre toda carne. Él es fiel a su palabra y hoy agradezco al cielo que haya escuchado mi oración y me haya otorgado este regalo tan maravilloso.

Si todavía no se ha manifestado en ti, te exhorto a que se lo pidas en oración, ya que el Dios que habla por medio de las visiones, te lo concederá.

NOTAS

Envíanos tu experiencia a:
info@editorialyehshuah.com

Síguenos para más testimonios:
Testimonios Cristianos tc

CAPÍTULO IV

EL DIOS QUE CUMPLE SUS PROMESAS

CAPÍTULO IV

El Dios que cumple sus promesas

Josué 21:45
«No faltó ni una palabra de las buenas promesas que el Señor había hecho a la casa de Israel; todas se cumplieron.»

Las promesas en la Biblia son una fuente de esperanza y fortaleza para aquellos que creen en ellas. Tienen la particularidad de ser un bálsamo en momentos de debilidad y funcionan como un impulso vital mientras las esperamos. Algunas de las más importantes son:

✶ Promesa de salvación: La Biblia promete que aquellos que creen en Jesús como su Salvador recibirán el perdón de sus pecados y la vida eterna (Juan 3:16, Romanos 10:9).

✶ Promesa de la presencia de Dios: Dios promete estar con nosotros en todo momento, nunca dejarnos ni abandonarnos (Mateo 28:20, Hebreos 13:5).

* Promesa de provisión: Dios promete suplir todas nuestras necesidades según sus riquezas en gloria (Filipenses 4:19). Él nos anima a confiar en Él para nuestro sustento diario.

* Promesa de consuelo y paz: Dios promete consuelo y paz en medio de las dificultades y pruebas de la vida (Juan 16:33, Filipenses 4:7).

* Promesa de dirección y guía: Dios promete guiarnos y dirigir nuestros pasos si confiamos en Él y le buscamos (Proverbios 3:5-6, Salmo 32:8).

* Promesa de fortaleza: Dios promete fortalecernos en momentos de debilidad y dificultad (Isaías 41:10, 2 Corintios 12:9).

* Promesa de sanidad y restauración: Dios promete sanidad física, emocional y espiritual (Salmo 103:2-3, Jeremías 30:17).

* Promesa de victoria sobre el pecado: Dios promete que podemos ser liberados del poder del pecado y vivir una vida de santidad a través de Jesús (Romanos 6:14, 1 Juan 1:9).

I. YO TE RESPALDO

Cuando aún no le servía, una mentira y una mala decisión que tomé marcaron mi juventud. Me sentía tan culpable que mi vida se convirtió en una amenaza mental constante. Durante esa etapa, viví con el pensamiento de que todo lo malo que me ocurría era porque yo lo merecía. Sin embargo, una sola promesa de parte del Señor ahogó toda la culpa que por tanto tiempo me consumió.

La culpabilidad es un sentimiento negativo e involuntario que puede aparecer por una falta, que en muchos casos, no es intencional. De hecho, el enemigo es un experto en este tema. Él pone frente a ti el obstáculo y luego vive para recordarte que te tropezaste. Esa fue la carta que jugó conmigo y su tortura fue una total agonía.

Pasados esos ocho años, conocí al Señor. Como nueva convertida, mi parte favorita era la adoración; pero siempre se veía interrumpida por ese recuerdo específico que me atormentaba. Adoraba hasta cierto límite: había una línea imaginaria entre Dios y yo, la cual sentía que Él no podía traspasar. Consideraba muy personal esa área de mi vida, me había costado mucho tratar de olvidarla y no quería que Dios simplemente la invadiera.

Unos seis meses después de convertida, estaba leyendo mi Biblia y me encontré con este pasaje:

Lucas 8:17 «Porque nada hay oculto, que no haya de ser manifestado; ni escondido, que no haya de ser conocido, y de salir a luz.»

De inmediato mi espíritu se inquietó, Dios me estaba confrontando. Me estaba haciendo saber que no debía seguir ocultando aquella mentira del pasado y que, por mi bien, debía confesarla. En aquel momento escuché su voz por primera vez y me dijo:

—Tú vas a hablar.

No quise escuchar, pero luego una vez más me repitió la misma frase. Allí comencé a llorar, como si el mundo se me hubiera venido encima. Recuerdo haberle contestado a gritos:

—Estás loco. Me estás pidiendo algo que es imposible aquí en la tierra, esas cosas pueden pasar allá en el cielo, pero no aquí.

Llanto inconsolable, miedo aterrador y este argumento era lo que podía ofrecerle a Dios para evitar hacer lo que me estaba ordenando. Era la primera vez que escuchaba su voz. Por un instante, no hubo paz ni consuelo, solo quería seguir gritando. Me mantuve en negación. Por dos horas estuve llorando y luego de clamar, discutir y argumentar; me calmé. Puede ver que Dios estaba poniéndome en la misma posición de aquel sueño que conté en el Capítulo 3, donde me tocaba escoger entre mis hijos u obedecer a Dios. Al final del sueño, la mejor decisión fue obedecer y al hacerlo, Él cuidaría de

mi familia. Así que en esta ocasión tenía la difícil decisión de escoger entre obedecer o mi familia, solo que esta vez sería en la vida real. Pero yo sentía como si Él me hubiese dicho:

—Carol, tírate por esa montaña y aunque al final solo veas oscuridad, yo estaré esperándote con mis brazos abiertos.

Muy en el fondo y detrás del dolor, sabía que confiar era mi mejor opción. Así que acepté hablar, solo con la condición de que fuera otro día. Para mi sorpresa, pasaron tres meses y un día, en la iglesia, el Espíritu me habló a través de la salmista y me dio esta promesa:

—Habla... Yo te respaldo.

¡Qué promesa tan maravillosa! A pesar de haber llevado aquella carga por más de nueve años, dolía como el primer día. No sé cómo saqué el valor, ni cómo el Espíritu Santo me impulsó, pero después de eso, sabía que nadie podría acusarme; y al confesar, podría descansar en su promesa.

«Yo te respaldo» era lo único que repetía mientras la confesión salió de mis labios. Aquello fue doloroso para ambas partes. Mi esposo confesó sus fallas y los dos comenzamos un proceso de restauración. Fue de impacto, también fue el momento perfecto para ser transparentes el uno con el otro y comenzar de cero.

Necesitábamos esa transparencia para el ministerio familiar que Dios tenía preparado para nosotros. En este tiempo de prueba aprendí:

1. Cuando Él promete algo, lo cumple. «Dios siempre cumple sus promesas, y él es quien los llamó a vivir en unión con su Hijo Jesucristo, nuestro Señor.» (1 Cor. 1:9).

2. Hablar siempre con la verdad no solo sirve de provecho, sino que también agrada a Dios. «Nada me produce más alegría que oír que mis hijos practican la verdad.» (3 Juan 1:4).

3. Toda mentira siempre saldrá a la luz; la verdad debe ser siempre nuestra única opción. «Pues todo lo secreto, tarde o temprano, se descubrirá, y todo lo oculto, saldrá a la luz y se dará a conocer a todos.» (Lu. 8:17).

4. La mentira es un mundo de esclavitud y sólo Dios nos puede hacer libres. «Jesús les respondió: De cierto, de cierto os digo, que todo aquel que hace pecado, esclavo, es del pecado. Y el esclavo no queda en la casa para siempre; el hijo sí queda para siempre. Así que, si el Hijo os libertase, seréis verdaderamente libres.» (Juan 8:31).

5. Siempre que le entreguemos todo a Dios, incluso lo que más nos importa, jamás quedaremos sin recompensa. «Y cualquiera que haya dejado casas, o hermanos, o hermanas, o padre, o madre, o mujer, o hijos, o tierras, por mi nombre, recibirá cien veces más, y heredará la vida eterna.» (Mat. 19:29).

6. Dios me enseñó que podemos confiar en Él, aun con los ojos vendados, y seremos bienaventurados con nuestra

decisión. «Dícele Jesús: Porque me has visto, Tomás, creíste: bienaventurados los que no vieron y creyeron.» (Juan 20:29).

Quiero resaltar que Dios me esperó con sus brazos abiertos al final de la montaña. No solo amortiguó el impacto, sino que curó mis heridas con amor. Paso a paso, en mi restauración no hubo intermediarios, no hubo pastores, hermanos, ni líderes cerca. Sin embargo, lo maravilloso y grandioso de todo esto fue que solamente su Espíritu Santo nos sostuvo, Él fue quien directamente nos dirigió, nos dio paz, nos trajo el perdón, la sanidad y el respaldo que prometió.

En aquel tiempo volví a nacer, ya no estaba presa de las amenazas ni de la culpa, ya nadie podía acusarme. A pesar de que este proceso fue más fuerte de lo que puedo expresar, su promesa de respaldarme fue mayor que el dolor que atravesé. Puedo decir a dura voz que sus promesas son proezas registradas en el cielo desde la eternidad y son hechos que jamás te harán volver atrás.
Nunca encontraré las palabras para agradecerle a Dios todo lo que hizo por mí. La misericordia con la que me miró y secó mis lágrimas, su perdón y como se mostró ante mí como el Dios que cumple sus promesas.

Hoy puedo decirte con autoridad que si te has encontrado con la culpa de frente, con la mentira y las reconoces, tendrás una salida. Lo que me ocurrió no tiene que parecerse a tu experiencia. Pero si sientes inconformidad, por la mínima razón y la confiesas con tus labios al Señor, Él será fiel y justo para perdonarte, pero sobre todo liberarte (1 Juan 1:9). ¡A Él sea toda la Gloria!

II. ¡MIRAME, MIRAME!

En las Sagradas Escrituras se encuentran registras unas 7,840 promesas de Dios. Una de mis favoritas está en Jeremías 33:3: «Clama a mí y yo te responderé», no solo porque es una de las citas bíblicas más populares, sino porque para mí fue una inyección de fuerza en el momento que más lo necesitaba. En esta ocasión compartiré contigo un breve testimonio que puedo catalogar como sobrenatural y extraordinario.

¿Alguna vez la incertidumbre impidió que vieras la mano de Dios obrar en tu vida? Así me sentí yo. Me encontraba en un tiempo de prueba y solo veía una nube delante de mis ojos. Parecía como si el Padre estuviera en silencio y a pesar de que poseía sus promesas y las creía, fui probada.

Aquel día, lloraba de frustración. Mientras me duchaba, en medio de mi desesperación, grité:

—Mírame, mírame, necesito que me mires, voy a levantar mi voz más alto que todos para que me escuches. —Y comencé a recordarle a Dios algunas promesas importantes que Él me había hecho y que aún no había visto.

A veces pienso que fui un poco atrevida, pero reconozco que no dejó de ser un acto de fe. Aun en medio de mi prueba demostré que todavía creía que Él respondería.

Ese día estaba invitada al reconocimiento de la trayectoria ministerial de mi pastor, el reverendo José M. Roque. Uno de los invitados era el salmista Harry Maldonado. Cuando este hombre de Dios comenzó a ministrar, yo sabía, de alguna manera, que vendría hacia mí. Yo me encontraba al otro extremo del altar y desde allí me miró, caminó y se acercó rápidamente, comenzó a rodearme y me dijo a fuerte voz:

—¡Mírame!, ¡mírame!, mira cómo te rodeo y te he traído hasta aquí, solo para decirte que no me he olvidado de ninguna de las promesas que te di.

¡Glorioso Rey! Hasta hoy no tengo palabras para describir lo que sentí. Fue como si sus alas me arroparan y me dieran un fuerte abrazo; me sentí segura, amada y fuerte.

Una vez me pregunté qué estaría pensando o haciendo Dios en el momento que escuchó mis gritos. Qué le movería a usar las mismas palabras con las que me dirigí a Él. Solo bastó un segundo en su presencia para hallar la respuesta. No se trataba de cuánto grité, ni el argumento que le presenté; sino de que Él es soberano y cumple lo que promete. (Ver 23:19).

He llegado a la conclusión de que las promesas de Dios viven dentro de nosotros por depósito divino. Pueden estar ahí, aun sin que nosotros lo sepamos. Caminan, corren y se mueven a nuestro paso. Cuando menos lo esperamos, la revelación de esa promesa comienza a manifestarse, y cuando creemos en ellas, se materializan y se hacen realidad.

Imagino que debes tener alguna promesa que estés esperando. Quizá piensas que dependerá totalmente de tus esfuerzos. Sin embargo, te animo a llenarte de fe y apropiarte de esta palabra:

«Aunque la visión tarda en cumplirse, se cumplirá a su tiempo, no fallará. Aunque tarde, espérala, porque sin duda vendrá, no tardará.» Habacuc 2:3 (RVR95)

NOTAS

Envíanos tu experiencia a:
info@editorialyehshuah.com

Síguenos para más testimonios:
Testimonios Cristianos tc

NOTAS

Envíanos tu experiencia a:
info@editorialyehshuah.com

Síguenos para más testimonios:
Testimonios Cristianos tc

CAPÍTULO V

EL DIOS DE DETALLES

CAPÍTULO V

El Dios de los detalles

Ezequiel 4:3
«Después toma una sartén de hierro y colócala como un muro de hierro entre ti y la ciudad, dirige tu rostro hacia ella y quedará bajo sitio: tú la sitiarás. Esta es una señal para la casa de Israel.»

Un *detalle* es algo único, distintivo y difícil de percibir. Es esa atención especial que se le presta a lo más mínimo, a las cosas pequeñas y a las simplezas de la vida. No todo el mundo se fija en los detalles. Sin embargo, a Dios le encanta ser detallista y también hablarte por medio de los detalles y eso lo comprobé de la siguiente manera.

I. DETRÁS DE LA DRAMATIZACIÓN

Me tocaba trabajar como servidora en un retiro espiritual. La ministración que me correspondía dar era sobre el hijo pródigo (Ver Luc. 15:11-32). Mientras me preparaba para la clase, recibí detalles específicos de parte del Espíritu Santo. Allí me dio las instrucciones de cómo preparar mi vestimenta, la música que debía utilizar y me mostró la actuación que debía hacer.

Para ser franca, mi atención se dirigió un 90 % a todos los detalles y descuidé un poco el enfoque del mensaje de la Palabra. Así que le pedí perdón al Señor por lo que me estaba sucediendo, y Él me habló:

—Yo hablo a través de los detalles y como tú estás atenta a ellos, yo puedo hablarte. Yo soy el Creador.

¡Alabado sea su nombre! Quedé impresionada por lo que escuché, pero Él no dejó el mensaje ahí. Un día antes del retiro, a través de un sueño, me dio la cita bíblica que está en Ezequiel 4:3, la cual confirmaba que yo no estaba haciendo nada incorrecto.

Cuando revisé el pasaje, descubrí que el Señor le ordenó al profeta Ezequiel hacer un drama repleto de detalles para llevar un mensaje a la casa de Israel. Esta misión parecía sencilla, pero implicaba sacrificio de parte de este hombre de Dios y, a la vez, traería poder, salvación y arrepentimiento al pueblo. Ezequiel preparó un escenario con el fin de que Jerusalén entendiera, a través de la dramatización, lo que Dios iba a hacer si el pueblo no se arrepentía. Este acto no solo simbolizó el juicio sobre aquellas personas, sino también sobre la humanidad. Me sorprendí al descubrir que un Dios tan grande era capaz de enviar un mensaje tan importante para la humanidad a través de detalles específicos en una historia.

El Señor también me enseñó que cuando tienes preguntas, Dios puede darte la respuesta a través de los mismos detalles, lo que significa que tu respuesta está más cerca de lo que piensas.

> «DIOS PUEDE DARTE LA RESPUESTA A TRAVÉS DE LOS DETALLES, LO QUE SIGNIFICA QUE ESA RESPUESTA ESTÁ MÁS CERCA DE LO PIENSAS.»

El día de la ministración llegó y se suponía que la vestimenta, según lo que el Señor me ordenó, sería la de un mendigo. Tenía que tener una túnica muy sucia y rasgada donde estaban escritos los pecados de los que Jehová me sacó. Recuerdo aquellas palabras de la túnica que decían: «sucia», «mentirosa», «infiel», «fornicaria» y otras más. También debía caminar encorvada y debía tener en mis manos una cubeta que representara la comida de los cerdos, la cual el hijo pródigo deseó comer por causa del hambre, según cuentan las Escrituras.

Desde que entré caminé un poco doblada y cuando me dispuse a enderezarme, el Espíritu Santo no me dejó.

Recuerdo que una presencia me llenó y me tomó de manera que no pude enderezarme durante toda la canción. Inmediatamente, a solo segundos de desfilar, las mujeres comenzaron a verse reflejadas en aquella condición que Dios me hizo representar. Unas comenzaron a llorar, otras a gritar y yo ni había comenzado a hablar.

Luego, al finalizar el mensaje, les dije que cerraran los ojos, y en segundos, las servidoras me ayudaron a quitar la vieja túnica. Debajo, tenía un vestido de novia típico de los tiempos de Jesús. Me pusieron un manto en la cabeza y les dije que abrieran sus ojos. Esto fue de gran bendición para todas. A cada una le obsequié un manto púrpura que representaba la realeza porque eran hijas de un Rey maravilloso que les esperaba con los brazos abiertos. No sé si puedas imaginar lo importante que fue esto para mí, pues cada detalle nació de Dios mismo. El Señor comenzó a quebrantar a aquellas mujeres con esa dramatización. Él lo orquestó todo, solo fui obediente y estos detalles ministraron sus vidas.

Jesús dijo: «No puedo hacer nada por mi cuenta; solo hago lo que veo que hace mi Padre» (Juan 5:19). Jesús siempre estuvo en perfecta comunión con el Padre y solo realizaba aquello que el Padre le mostraba. Así trabaja Dios con cada detalle, somos portadores de su Gracia y toda dádiva será repartida a través de nosotros si somos obedientes.

Además de Ezequiel 4:3, la Biblia registra otros casos que muestran que Dios usa detalles y formas inimaginables para representar o llevar algún tipo de mensaje. Mis tres favoritos son los siguientes:

1. El sudario en la tumba de nuestro Señor Jesucristo (Juan 20:1-9). No hay nada que me llene de tanta fe como este pasaje. Aquí, Pedro y Juan corrieron a ver la tumba que estaba vacía, pero el discípulo amado, Juan, miró los lienzos en el suelo y no entró. Luego Pedro entró y observó que el sudario estaba doblado en una esquina y ambos creyeron que Jesús volvería. Y es que, en la tradición judía, si dejas una servilleta estrujada y abierta significa que no piensas volver a ese lugar, pero si la doblas, la persona sabe que volverás. Jesús nos dejó el mensaje de que volverá por nosotros.

¿Te imaginas si Pedro hubiera pasado por alto esa particularidad? Intuyo que Jesús vio algo especial en estos dos apóstoles que les encomendó este mensaje a través del detalle.

2. El Señor le dio indicaciones específicas a Noé para construir el arca (Gén. 6:14-22). Debía contener exactamente las dimensiones que Él le ordenó. Esto demuestra que sabía lo que Noé necesitaría para salvaguardar los animales y su familia. ¿Te imaginas si Noé no hubiera puesto atención a esos detalles?, ¿dónde estaríamos?

3. La elaboración del tabernáculo (Éxo. 25). Por medio de Moisés, Dios ordenó a los hijos de Israel a construir un tabernáculo que habría de ser un santuario para que el Señor pudiese morar entre su pueblo. El Tabernáculo fue el método que Dios utilizó para enseñar a su pueblo. Ese lugar estaba compuesto por los atrios, el lugar Santo y el lugar Santísimo. Eran niveles de acceso a su Presencia y que tipificarían el proceso que debían hacer para llegar a ella. La palabra de Dios en Éxodo 25:8 dice: "Y habitaré en medio de ellos". Por lo tanto, este vino a ser sombra de lo que vendría, Dios hecho hombre en la persona de Cristo. De Moisés haber ignorado cada detalle hubiera sido imposible ilustrar el mensaje de enseñanza al pueblo de Israel.

Los detalles hacen una diferencia entre impactar una vida o una generación. Así que comienza a expandir tu mirada, detente en las cosas pequeñas, mientras más pequeño sea el detalle, más importante será el tesoro que hallarás.
En poco tiempo notarás lo maravilloso que es confirmar qué gran detallista es nuestro Padre.

II. ATA TUS MANOS

Mucho antes de que el Señor me revelara cómo usa los detalles para ministrar nuestras vidas, ya había usado un tipo de dramatización gráfica para tratar conmigo y darme un mensaje de exhortación y corrección. No sé si lo has experimentado en algún momento de tu vida, pero detrás de lo que Dios hace, aunque parezca sin sentido al principio, hay una enseñanza valiosa.

Esta experiencia vino a mí en otro de mis cumpleaños. Ese día, el Espíritu Santo me inquietó para hablarme. Recuerdo que no busqué su presencia de inmediato, sino que ignoré esa llamada. Hacía días que no leía Su Palabra y mi espíritu le anhelaba, pero mi carne no me ayudaba.

Un momento después sentí un gran temor, temblé y escuché una voz que me dijo:

—Harás lo que te pido, al pie de la letra. Toma dos cintas en tus manos.

Yo dije dentro de mí: «No entiendo»; y él respondió mi pensamiento:

—Yo hablo a tu conocimiento.

No entendía, y aún así, decidí obedecer. Busqué las cintas, las tomé en mis manos; y Él dijo:

—Ata tus manos.

Recuerdo que en ese instante comencé a llorar, sentí una frustración muy grande. Creo que en lo natural no era para tanto, pero mi espíritu presentía una amonestación. Le dije:

—Sigo sin entender qué quieres decirme, mi Señor.

Él me explicó:

—Yo hablo a tu conocimiento, y si no tienes conocimiento, entonces no podré hablarte.

Cuando escuché aquellas palabras, lloré amargamente. Tenía toda la razón, no era suficiente buscarle cuando yo lo necesitara, sino que debía tener una relación de búsqueda constante. Supe

«YO HABLO A TU CONOCIMIENTO. SI NO TIENES CONOCIMIENTO ENTONCES NO PODRÉ

que Él también anhelaba conversar conmigo a su tiempo y de cosas muy importantes. Entendí que sin relación no hay conocimiento y sin conocimiento no hay revelación. Comprendí en lo más profundo de mi espíritu que Él me estaba dando la lección de que debo responder a su llamada y ser fiel al tiempo de intimidad con Él. Es ahí donde empieza el verdadero crecimiento y el conocimiento.

Luego de llorar en su presencia y pedir perdón, el Espíritu me dio la revelación. Las manos atadas representaban:

- La falta de conocimiento. Yo debía escudriñar las Escrituras, pues es la única forma de adquirir sabiduría.

- Lo difícil que sería avanzar o hacer obras para el Señor. Debía buscar dirección en oración e intimidad; era la única forma de conocer su voluntad.

- Mi mente cautiva. Debía aprender a pensar cómo piensa Él; era única forma de ser libre.

Aquella lección me impulsó; algo en mi vida cambió en ese instante. El mensaje me llenó de fuerzas, de amor, fue un sentimiento tan similar al de mi padre terrenal que me sentí profundamente amada. Él hizo tal como dicen las Escrituras: "Porque el Señor al que ama disciplina" (Heb. 12; 6-7) Sin embargo, lo hace con infinito amor.

Un tiempo después me encontré una representación que hizo Dios en las Escrituras, la cual se encuentra en

Jeremías 13:
Así me dijo Jehová: Ve y cómprate un cinto de lino, y cíñelo sobre tus lomos, y no lo metas en agua. Y compré el cinto conforme a la palabra de Jehová, y lo puse sobre mis lomos. Vino a mí, segunda vez palabra de Jehová, diciendo: Toma el cinto que compraste, que está sobre tus lomos, y levántate y vete al Éufrates, y escóndelo allá en la hendidura de una peña. Fui, pues, y lo escondí junto al Éufrates, como Jehová me mandó. Y sucedió que después de muchos días me dijo Jehová: Levántate y vete al Éufrates, y toma de allí el cinto que te mandé esconder allá. Entonces fui al Éufrates, y cavé, y tomé el cinto del lugar donde lo había escondido; y he aquí que el cinto se había podrido; para ninguna cosa era bueno. Y vino a mi palabra de Jehová, diciendo: Así ha dicho Jehová: Así haré podrir la soberbia de Judá, y la mucha soberbia de Jerusalén. Este pueblo malo, que no quiere oír mis palabras, que anda en las imaginaciones de su corazón, y que va en pos de dioses ajenos para servirles, y para postrarse ante ellos, vendrá a ser como este cinto, que para ninguna cosa es bueno. Porque como el cinto se junta a los lomos del hombre, así hice juntar a mí toda la casa de Israel y toda la casa de Judá, dice Jehová, para que me fuesen por pueblo y por fama, por alabanza y por honra; pero no escucharon.

Leyendo este pasaje pude comprender que esta forma de operar del Señor es común, lo fue desde los tiempos antiguos; y comprobé con mi experiencia que también la sigue utilizando ahora. Dios es el mismo ayer, hoy y siempre. No deja de asombrarme, me intriga siempre saber qué mensaje encierra sus representaciones. Aunque a veces no entienda, cada día me enamoro más de esa búsqueda que, para mí, es un tesoro.

No sé si alguna vez has sentido frustración por no entender lo que Dios quiere decirte, pero deseo testificar que todo ese sentimiento puede desaparecer con el solo hecho de responder a su búsqueda. Con solo disponerte a conocer en detalles como Él opera, lo que le agrada y lo que no. A medida que lo busques en los detalles, Él te hablará.

Quizá también hayas tenido las manos atadas, pero el resultado final será una enseñanza que atesorarás por el resto de tus días. Será un aprendizaje que te ayudará a tomar decisiones correctas; créeme que no te arrepentirás.

III. UN DETALLE ESPECIAL

Años después, y convertida al Señor, asistí a un retiro espiritual. Este me ayudó a sanar muchas áreas de mi vida y me dio la oportunidad de experimentar lo que yo llamo, un regalo extraordinario de parte del Señor. Puedo catalogar esta hermosa vivencia como la primera evidencia palpable de que

Él está atento a los detalles, conoce nuestros deseos y los cumple.

Recuerdo que en el retiro, una de las ministraciones hablaba sobre la visión de llevar el mensaje de salvación al mundo, tal como lo dice la Palabra. En la clase hicieron una dinámica en donde encendieron una pequeña vela, como símbolo de la luz del evangelio. Con una sola vela se encendieron todas las demás, como representación de lo que sucede cuando evangelizamos. Entretanto, escuchábamos y meditábamos la canción Enciende una luz. Era la primera vez que la escuchaba y me acuerdo de que lloré inconsolablemente por el gran mensaje de sus letras. Mientras la oía, yo hablaba con Dios y le decía el anhelo tan profundo que tenía de poseer ese CD. Comencé a imaginar a mi esposo escogiendo el disco para mí. Recuerdo también que en ese momento me acordé de un testimonio que me había dado mi líder de en ese entonces, Lizzette Rosario, donde Dios le había concedido una de sus peticiones de forma fugaz. Así que yo tuve la convicción de que Él podía hacer lo mismo conmigo, y no estaba lejos de la realidad.

> «DIOS CONOCE NUESTRAS MÁS PROFUNDAS PETICIONES PORQUE FUE ÉL QUIEN LAS DEPOSITÓ

Tres días pasaron en aquel retiro y el domingo de recibimiento llegó. Mi familia me entregó un lindo obsequio. Dentro, estaban mis dulces favoritos, unas cartitas de parte de mis hijos y un CD nuevo. Para mi sorpresa, era el que solo Dios sabía que yo deseaba.

No sé si puedes entender lo grande que fue esto para mí. Yo había hablado con Él y esa era la evidencia de que me había escuchado. Conoció mi corazón, me miró desde adentro, me entendió y me complació. No lo podía expresar con palabras y solo podía llorar. Ese gesto del Señor me llevó a darme cuenta de que Dios conoce nuestras más profundas peticiones, porque fue Él quien las depositó dentro de nuestros corazones para glorificarse.

Descubrí esa parte de Él que yo no conocía. Ese día se abrió una gran puerta de la que yo poseía la llave para decirle al mundo que Dios nos oye y cumple hasta el más sencillo deseo de tu corazón. Él te dará tus peticiones, es una promesa que cumplirá, y todo lo que necesitas es creer que lo hará.

IV. LAS CITAS

Amo cada faceta del Señor que se me ha revelado, pero muy en especial la dimensión específica con la que lo he conocido. Solo alguien así es merecedor de nuestro tiempo y nuestra alabanza. Solo a un detallista se le ocurriría invitarte a una cita cuando va contigo en todo tiempo. Así lo hizo conmigo una tarde. Recuerdo que le dije:

—Siento que quieres hablarme; si es lo que quieres, esta noche voy a estar de rodillas a las tres de la madrugada. Tenemos una cita, Padre.

Propuse esto, pero sabía que era Él hablando a través de mis labios. No alcancé a poner mi alarma para despertarme a esa hora, pero increíblemente, a las tres de la mañana en punto, mi perrita Roxy puso sus patas en mi cama y me levantó. Cuando desperté y miré el reloj eran exactamente las tres. Me sorprendió la manera que escogió para decirme: «Llegué a nuestra cita, levántate».

Quizá alguien pueda pensar que pudo haber sido una casualidad; sin embargo, unas semanas después volví a sentir lo mismo y una vez más le repetí que si quería nos veríamos a las tres de la madrugada. Esta vez le pediría que volviera a levantarme a través de mi mascota. Para mi sorpresa, así lo hizo: mi perrita se trepó a la cama y a la hora exacta de nuestra cita.

Con los años ese llamado a la intimidad, los detalles y mi fe han evolucionado enormemente. He aprendido que nuestra fe crecerá de manera paralela a nuestras pruebas. Aquello que en un principio nos costó solo un anhelo para verlo cumplido, con el tiempo requerirá de una fe aún mayor para poder verlo realizado. Depende mucho de tu disposición para escuchar y obedecer, sin embargo, Él hará lo necesario para hacerte saber que te anhela, tanto que utilizará un detalle íntimo, único y especial que solo Él y tú conocerán.

NOTAS

Envíanos tu experiencia a:
info@editorialyehshuah.com

Síguenos para más testimonios:
Testimonios Cristianos tc

CAPÍTULO VI

EL DIOS DE SANIDAD

CAPÍTULO VI

El Dios de sanidad

Mateo 16:18

Tomarán en las manos serpientes, y si bebiesen cosa mortífera, no les hará daño; sobre los enfermos pondrán sus manos, y sanarán.»

Este pasaje que compartí como versículo base es uno de mis favoritos y lo pude experimentar de manera sobrenatural y personal. Un día, por error, utilicé amoníaco en lugar de vinagre al cocinar, pero declaré la Palabra de Dios sobre mi familia y sobre mí. Aunque parezca increíble, a pesar de haber consumido este químico tan peligroso durante dos días, no nos hizo daño. Fue un recordatorio tangible de que cuando confiamos en las promesas de Dios y las proclamamos con fe, Él obra de manera sobrenatural, manifestando su protección y cuidado en nuestras vidas.

Esa experiencia reafirmó mi fe en la sanidad divina que Él nos otorga, en ese poder sobrenatural de Dios para restaurar y curar tanto el cuerpo como el espíritu. Es un aspecto de su amor y cuidado hacia la humanidad, donde Él interviene en situaciones de enfermedad, aflicción o dolor para traer todo lo bueno junto con la restauración.

La sanidad divina abarca los tres aspectos que conforman al ser humano, cuerpo, alma y espíritu:

* Cuerpo (sanidad física): Incluye la curación de enfermedades y dolencias físicas. La Biblia muestra que Dios tiene el poder de sanar todo tipo de enfermedades y restaurar la salud. "Él sana a los quebrantados de corazón y venda sus heridas" (Salmos 147:3).

* Alma (sanidad emocional): También abarca la sanidad de heridas emocionales y traumas. Dios puede brindar consuelo y paz a aquellos que están afligidos emocionalmente. "El Señor está cerca de los quebrantados de corazón, y salva a los de espíritu abatido" (Salmos 34:18).

* Espíritu (sanidad espiritual): Implica la restauración y renovación del espíritu humano. Esto incluye la liberación del pecado, el perdón y la reconciliación con Dios. "Si confesamos nuestros pecados, él es fiel y justo para perdonar nuestros pecados y limpiarnos de toda maldad" (1 Juan 1:9).

Dios nos ha otorgado plenitud a través del sacrificio de su hijo Jesucristo. Él pagó el precio en la Tierra para eliminar toda legalidad en el mundo de las tinieblas y luchó para que pudiéramos acceder a esa sanidad.

He sido testigo de cada uno de estos aspectos de la sanidad divina, no porque sea especial, sino porque fui llamada a ser un testimonio viviente de ello.

No quiero seguir sin declarar sanidad en el nombre de Jesús, tanto para tu vida como para cualquier familiar que esté enfrentando alguna enfermedad. Dios no solo desea que seamos sanos, sino que envió a Su Hijo para que, por su llaga, fuéramos nosotros curados (Isaías 53:5).

Una de las ordenanzas que más impacta mi ser se encuentra en Mateo 16:18, donde dice: «sobre los enfermos pondrán sus manos, y sanarán». Este mandato, además de ser una promesa, es la señal que nos acompañará hasta la hora de su venida.

I. "LEVÁNTATE"

No podría describir con exactitud lo que sentí el día que no solo fui testigo de mi primer milagro, sino también el vaso que Dios usó para llevarlo a cabo. Recuerdo que el Espíritu Santo en una ocasión me dijo que cosas mayores haría a través de mis manos; sus palabras fueron:

—Tus manos serán santas.

Aquellas palabras nunca se las dije a nadie porque todavía no creía que unas manos tan manchadas y llenas de pecado podrían limpiarse y ser usadas por su poder.

Dios, como siempre, cumplió lo que me prometió. Aquel día, mi esposo se lastimó la espalda mientras dormía. Sus gritos eran desesperantes, estaba boca abajo, no podía voltearse de ninguna manera. Me angustiaba verlo con ese sufrimiento y me preocupaba saber que no teníamos un seguro médico ni dinero.

Le pregunté si quería que fuéramos al hospital y él me respondió que no teníamos un seguro médico. Allí recordé que si Dios lo hizo por mí, también lo podía hacer por él. Aquella fe me impulsó a decirle:

—Tú no tienes un seguro, pero tenemos el mejor médico por excelencia y te va a sanar.

Puse mis manos en su espalda y comencé a orar. Mientras oraba, un humo blanco se posó sobre él, era como una pequeña nube blanca que cubrió su cuerpo. Aquello que mis ojos estaban viendo era una manifestación de su Gloria divina. En ese momento no pude tocarlo más, no podía pronunciar palabras, mis labios se movían, no emitía sonido alguno. En mi interior repetía la palabra: «levántate». Fue un momento donde el tiempo se detuvo, una paz inmensa inundó nuestra habitación y el cielo descendió a aquel lugar.

Unos minutos más tarde, mi esposo se levantó y comenzó a gritar y a llorar de la alegría, cayó postrado de rodillas, agradeciendo al Señor y dijo:

—Escuché una voz que me dijo: «levántate».

Aquel dolor había desaparecido al instante. Comencé a llorar porque sabía que esto había sido el Espíritu Santo, había sido una manifestación tangible de su Gloria.

En esta atmósfera Dios obra sin necesidad de imposición de manos, ¿No es asombroso?

Si crees que lo hizo conmigo, también lo puede hacer contigo. Yo no sé por qué enfermedad estés pasando tú o tu familia, pero te puedo asegurar que si crees verás la gloria de Dios (Ver Juan 11:40). Pon tu mano sobre tu cuerpo o ve y ponla en el área afectada de tu familiar y declara sanidad en el nombre de Jesús. Tu fe traerá el cielo para que puedas recibir eso que tanto anhelas (Ver Marcos 5:34).

II. UNA PAR DE PIERNAS

En intimidad con Dios, durante la madrugada, mientras recordaba el dolor insoportable en mis piernas después de trabajar largas horas de pie, comencé a orar y masajear mis pies, pidiéndole al Señor que me sanara y eliminara cualquier enfermedad o dolor. Le pedí específicamente que interviniera en mi ADN y eliminara lo que no me pertenecía.

Después de media hora, tuve una visión donde vi un par de piernas que parecían como botas, pero tenían dedos, también vi el polvo como si fuera de un taller. Aunque en ese momento no entendía su significado.

Tres horas después, cuando terminé de orar y me puse en pie, me di cuenta de que el dolor había desaparecido. Entendí que la visión de las piernas era un mensaje de Dios y que representaban la sanidad que Él me había enviado. Nunca más sentí dolor.

III. ¿A QUÉ DIOS SIRVES?

Nos encontrábamos en medio del tráfico. Mi hijo Dereck tenía asma y comenzó a toser fuertemente y en instantes empeoró. Sus labios se volvieron morados, por lo regular nunca se quejaba, pero aquel día pronunció las palabras que ningún padre quisiera escuchar:

—Mami, papi, no puedo respirar.

Por un momento mi corazón se detuvo, por un instante, el pánico del cual había sido libre se quiso asomar, pero dije:

—Estoy sana. —Y entonces me inundó la calma.
«El mundo se me vino encima», fueron las palabras de mi esposo. Pude decir lo mismo, pero el desespero de él fue mayor porque iba manejando y el tráfico no se movía. Por su mente pasaba que podíamos perder a Dereck en el camino sin poder llevarlo a tiempo al hospital.

Una voz apacible y llena de paz del Espíritu Santo me dijo:

—¿A qué Dios sirves?

La paz me inundó y me impulsó a repetir aquellas palabras a mi esposo y le dije:

—Tranquilo, ¿a qué Dios sirves? Vamos a orar.

En ese momento recordé un testimonio de un hermano de la iglesia al que Dios le devolvió la vida de su bebé; y repetí aquella oración que él hizo así:

—Ahora no podemos llegar al hospital, pero si pudiéramos, no son los médicos quienes dan la vida ni la quitan, sino tú, Señor, así que te pido que le sanes.

Creo que ni habíamos terminado nuestra oración cuando mi hijo pudo volver a respirar y recobró su color. Lloramos y agradecimos a Dios ese milagro y esa respuesta tan pronta del cielo. Para su gloria, su condición asmática nunca más regresó a su cuerpo. Aquel día, el Señor envió sus ángeles no solo a guardar a mi hijo, sino que a traer sanidad total (Ver Salmos 91:11).

IV. ANTES DE IRME, QUIERO ORAR POR TI

Hace unos años, experimenté un ataque a mi salud particularmente fuerte y muy difícil de llevar. Fue uno de esos episodios inesperados que creía que jamás me pasaría.

Estaba trabajando en una tienda por departamento que requería fuerza física y por esta razón me lastimé la espalda baja. Llegué al punto de no poder moverme de la cama, y de un momento a otro ya no podía caminar. Me agobiaba pensar que estaría mucho tiempo sin trabajar o danzar en mi iglesia. Solo le pedía a Dios las fuerzas para poder levantarme.

Una semana después estuve mejor y sentí la obligación de regresar a trabajar. Llegué a mi trabajo; pero fue difícil ignorar el dolor. Debía evitar llamar la atención porque no me convenía que me enviaran para mi casa.

Así que, caminando por la tienda, encontré a un pastor de Argentina que hablaba con un compañero y luego comenzó a hablar conmigo. Al finalizar me dijo:

—Hoy he venido tres veces a esta tienda y no he comprado nada; y ya sé por qué: antes de irme, quiero orar por ti. El Espíritu Santo me dice que ore por tu espalda.

Ese hombre de Dios no sabía por lo que yo estaba pasando, no me conocía, pero Dios sí. Comenzó a orar por mí en medio del pasillo principal, donde todos podían verme de varios ángulos de la tienda. Creo que se hizo como una especie de burbuja invisible a nuestro alrededor porque pude notar que nadie volteó a mirar, nadie dijo nada, todo seguía su curso normal mientras él oraba en voz alta.

Allí mismo, entre lágrimas, todo mi dolor desapareció. Hoy todavía disfruto de aquel milagro y puedo dar fe de que Dios sigue sanando como ayer.

V. CUANDO DOS O MÁS SE PONEN DE ACUERDO...

—Hoy, ocurrirá un milagro —dijo un profeta que se encontraba en una reunión de hermanos al que asistió mi vecina.

Horas más tarde ella pasó a saludarme mientras limpiaba mi garaje, y allí me contó aquella experiencia que tuvo esa misma mañana.

Mi vecina contó que en la reunión, a pesar de que el profeta no se dirigió a nadie en particular, ella creyó aquella palabra y aunque tenía un dolor inmenso en su cuello y una protuberancia muy visible, creía que el milagro podría ser para ella.

Al instante, sentí la inquietud de decirle que por su fe sería sana y que si quería podíamos ponernos de acuerdo para sellar aquella palabra. Así que llamé a mi esposo, ungimos nuestras manos y comenzamos a orar (Ver Santiago 5:13-15). Ella, muy complacida y agradecida con Dios, se fue a su casa.

Para la gloria de Dios, cuando nos volvimos a encontrar después de unos días, el Señor había hecho la obra y ella estaba sana. Aquel dolor que tuvo por varias décadas, desapareció. ¡Dios no miente cuando dice que es tu sanador! (Ver Éxo. 15:26). Su Palabra dice en Mateo 18:19: «Otra vez os digo: Que si dos de vosotros se pusieren de acuerdo en la tierra acerca de cualquier cosa que pidieren, les será hecho por mi Padre que está en el cielo.»

VI. MILAGRO CREATIVO

Acostumbraba a tener constantes conversaciones en mi trabajo con una amiga y compañera cristiana sobre los milagros de Dios. Un día en el que adorábamos mientras trabajábamos, sentí preguntarle si tenía un brazo más largo que el otro y para mi sorpresa, confirmó que sí. Decidí tomar su mano y, sin orar, expresé mi deseo de presenciar como Dios haría crecer su brazo delante de mis ojos. Antes de que pudiera terminar la frase, su brazo comenzó a crecer. Ambas quedamos sorprendidas del milagro creativo que experimentamos. Terminamos adorando al Señor con mayor fuerza de la que comenzamos.

Con el pasar de los años he aprendido que cada proceso tiene un propósito y cada historia tiene su enseñanza; y quiero compartir contigo lo que aprendí en cada uno de estos cuatro testimonios:

I. Cuando creció la mano sin haber orado, aprendí:

* La adoración es la antesala a la gloriosa manifestación de Dios.

* Así como Pablo y Silas adoraron y provocaron que su gloria abriera las cárceles, nosotros también podemos ser participantes en cualquier lugar.

II. Cuando puse las manos sobre la espalda de mi esposo, aprendí que:

* Dios y solo Él, quien perdona, limpia, transforma y empodera las mismas manos con las que un día le fallaste.

* Su Palabra es fiel y verdadera cuando dice: «clama a mí, y yo te responderé» (Jeremías 33:3).

III. Cuando sanó a mi hijo de asma, comprendí que:

* Su Espíritu trae paz en medio de la crisis.

* Una crisis puede anunciar la llegada de tu sanidad o tu bendición.

* Al final, Dios es quien tiene la última palabra, y debo conservar la calma.

* **IV. Cuando no podía caminar y envió a un varón a orar por mí, me enseñó que:**

* Él envía ayuda desde el lugar más remoto de la tierra, si es necesario.

* Él hace un milagro en el momento que menos lo esperas.

* Debemos creer que Él tiene todo bajo control.

V. Cuando mi vecina sanó, entendí que:

* Su misericordia, Él inclina su oído para escuchar tu oración, no importando el tiempo que haya pasado.

* Cuando haces tuya una palabra y la crees, Dios la premia.

* Y que no hay nada imposible para Dios.

En conclusión, a través de estos testimonios y muchos más, puedo evidenciar que todavía nuestro Dios sana. Él responde a nuestras oraciones y obra, milagros en los momentos más inesperados. No importa cuánto tiempo haya pasado, Él escuchará nuestras peticiones y las concederá. No hay nada imposible para Él. Por lo tanto, te animo a confiar, declara tu fe en Él y comienza a experimentar. El milagro pronto será tuyo.

NOTAS

Envíanos tu experiencia a:
info@editorialyehshuah.com

Síguenos para más testimonios:
Testimonios Cristianos tc

CAPÍTULO VII

EL DIOS DE LOS CIELOS

CAPÍTULO VII

El Dios de los cielos

2 Corintios 12:1-4
«Conozco a un seguidor de Cristo que hace catorce años fue llevado al tercer cielo (no sé si en el cuerpo o fuera del cuerpo; Dios lo sabe). Y sé que este hombre (no sé si en el cuerpo o aparte del cuerpo; Dios lo sabe) fue llevado al paraíso y escuchó cosas indecibles que a los humanos no se nos permite expresar.»

I. EL CIELO Y EL INFIERNO

Así como Pablo, mucha gente hasta el día de hoy han tenido la dicha de experimentar visitar el cielo, incluyéndome. Para ser sincera, sé que yo no merecía esta maravillosa experiencia; pero la deseaba y nunca dudé que sería posible. Vivo convencida de que mi fe fue considerada para esta encomienda, de testificar que el cielo y el infierno son promesas eternas y reales.

Recuerdo que hace unos años asistí a un congreso en la ciudad de Baltimore. Allí se encontraba una profeta ministrando y Dios le dio una palabra para mí:

—El Padre te entrega cinco llaves. Simbólicamente, estará cumpliendo cinco peticiones que le has hecho.

Algo que me impresionó muchísimo es que en mis libretas yo escribí mis peticiones y una de ellas era que yo deseaba que el Señor me permitiera ver el cielo. Esa petición en particular la escribí varias veces a lo largo de mi vida, sin imaginar que Él la cumpliría.

Un día, mientras volvía de dejar a mis hijos en su escuela, sentí un deseo inmenso de postrarme en su presencia. Me puse de rodillas, cerré mis ojos y perdí todas mis fuerzas. Mi cuerpo se fue en un completo letargo y a los pocos segundos no pude controlar nada de lo que pasaba.

Poco a poco comencé a ver una imagen que mostraba unas montañas, al instante volaba sobre ellas y podía sentir el viento sobre mi cara. Observé la naturaleza y quedé tan impactada que no pude ni preguntar qué era lo que estaba sucediendo.

Luego llegué a un lugar oscuro, gris y tenebroso. Al final había una gran muralla de lava y fuego. En ese momento no tuve miedo, no estaba segura de lo que veía, así que solo miraba. De repente, me fijé que a lo lejos comenzó a formarse una silueta y mientras se acercaba se hacía más clara. Comenzó a tomar forma y vi que tenía el cabello hasta los hombros y vestía una especie de túnica blanca. Pude distinguir que no estaba solo, empujaba a alguien en silla de ruedas. Cuando se acercó un poco más noté que la persona en la silla estaba viva, pero calcinada y que su piel estaba llena de escamas de piedra. Mi corazón comenzó a latir fuertemente cuando supe que a quien veía era a Jesús; le pregunté:

—¿Quién es la persona de la silla?

En mi interior sentí una convicción muy profunda de que esa era yo.

No pasó mucho tiempo antes de que Jesús me confirmara que, efectivamente, era yo quien estaba calcinada y en silla de ruedas. En aquel tiempo de mi vida atravesaba una temporada tormentosa, las pruebas eran muy fuertes y mi corazón estaba endurecido. Mi matrimonio sufrió ataques inesperados, el dolor y todos los problemas me impulsaron a perder la esperanza de levantarme, y ya ni siquiera luchaba para que las cosas fueran diferentes. Así que estaba viendo el reflejo de lo que me había convertido, pero Jesús una vez más vino a mi rescate.

Él no pronunció palabra alguna, simplemente me arrastró en la silla de ruedas hasta llegar al otro lado donde había una hermosa playa. En ese lado también era de noche y solo alumbraba la luz de la luna, las aguas brillaban como el cristal, no eran aguas ligeras sino espesas. Me levanté de la silla, aun con mi piel rocosa y puse el dedo de mi pie en las aguas. Inmediatamente todo se desprendió de mi piel: las piedras, la escoria y las cenizas. Todo se cayó y comencé a transformarme.

Fue una sensación indescriptible. Sentía la densidad de las aguas y caminé hacia la profundidad. Llegó el momento en que ya no podía tocar el fondo, pero en lo profundo, la luz de la luna me seguía alumbrando. No necesitaba nadar ni respirar, solo flotaba de forma vertical. Mientras todo esto sucedía, yo escuchaba la música instrumental en el fondo, lo que me confirmaba que yo seguía en mi casa físicamente pero no en espíritu.

Dos ángeles llegaron a aquellas aguas y me rodearon, no lucían como hombres, sino como una especie de humo blanco y topacio con forma de cintas. Esas cintas alargadas —que se parecían a las serpentinas de danza— comenzaron a rodear mis brazos, mis piernas, mi cabeza, mi cuerpo y lo hacían al ritmo de la música. Mientras oraba, recuerdo que le pregunté al Señor:

—¿Qué es esto? ¿Dónde estoy? Y Él me respondió:
—Estás sumergida en mi gloria.

La canción de fondo, que era instrumental, tenía una pequeña parte hablada que decía: «Estamos sumergidos en la gloria de Dios». Comencé a llorar porque entendía que Dios me confirmaba lo que mis ojos estaban viendo. Lo que no sabía era que yo necesitaba sumergirme en su gloria para limpiarme de toda impiedad y prepararme para lo que Él me mostraría más adelante.

Luego de esto mi espíritu regresó al lugar donde oraba, mi hogar. Recuerdo que Jesús entró por la puerta y me dijo:

—Ven, quiero mostrarte algo.

Me puse de pie y, al igual que Pablo, no sé si fue en cuerpo o en espíritu, pero vi cómo Él me tomó de la mano y ascendimos juntos. A medida que subíamos, noté que no tocaba las escaleras, sino que flotaba cerca de mi techo. Entramos a mi cuarto, y Jesús comenzó a mostrarme varias escenas de mi vida. Me mostró todas las madrugadas que trató de levantarme para que fuera ante su presencia para orar, hablar conmigo y yo me volteaba y me volvía a dormir. Él me dijo:

—¿Ves eso? Es la causa de tu prueba, de la dureza de tú corazón.

Sentí temor y temblor, aunque Él me lo dijo con amor.

Luego, Jesús y yo traspasamos el techo de mi casa. Sentía que me llevaban tomada de mis dos brazos; viajamos una velocidad indescriptible, ya no podía ver nada. Pregunté:

—¿Quiénes me llevan? —No te es necesario saber. Y me quedé en silencio.

Continuamos subiendo hasta abandonar la tierra y comencé a escuchar unos gritos como de bestias. No podía ver nada, todo lo que veía era oscuridad; y pregunté:

—¿Qué son esos gritos?

El Señor me respondió que eran los demonios que estaban suspendidos por los aires y el espacio. Ellos se escuchaban molestos, pero no me tocaban.

En el cielo había un techo como de nubes; y al instante comenzó a abrirse un agujero pequeño por el que solo podía asomar mi cabeza. Le dije al Señor:

—No puede ser. ¿De verdad me vas a cumplir mi deseo de ver el cielo?

Estaba tan asombrada que no lo podía creer. Asomé mi cabeza por el hueco en la nube y cuando miré hacia la izquierda vi una luz tan inmensamente brillante que cubría todo. Allí estaba el cielo del que habla la Biblia. No pude ver detalles, solo la evidencia de que el cielo es tan real como la tierra.

Mientras contemplaba el resplandor, escuché la voz del Padre hablar en lenguas, la voz fue audible y tan clara que me quedó grabada. Tal fue así que cuando terminé y regresé a conciencia pude escribir las lenguas en un papel tal y como sonaron en mis oídos. Aquella frase estaba en un idioma desconocido para mí, pero yo conocía a un hombre que era de Marruecos y al pasar de los días, algo me impulsó a preguntarle si podía ayudarme a identificar el idioma. El caballero accedió. Entonces busqué mi libreta y le leí la frase; él me dijo:

—Sí, es mi idioma y lo que quiere decir es: «Yo estaba leyendo».

Comencé a brincar de la emoción, el hombre me miraba sin imaginar lo importante que era para mi saber que aquella frase tenía sentido. Dios me estaba diciendo que Él había leído todas las veces que le escribí mi petición de querer ver el cielo. Que Él solo estaba cumpliendo con la promesa, me dio aquella llave de la cual me habló la profeta. ¡Qué amor tan grande el del nuestro Padre Celestial!, ¿no crees?

Esta hermosa experiencia fue completa, porque Jesús no escatimó morir en la cruz para poder ir personalmente a rescatarme del infierno. Haber presenciado cómo fue que me sacó de aquel lugar donde me encontraba, me dio a entender que, aunque le servía, no estaba cuidado mi corazón. El Padre enfatizó Proverbios 4:23, donde dice que sobre toda cosa guardada, guarda tu corazón, porque de él mana la vida; así que aprendí que no importa cuántas obras buenas hagamos, si no purificamos nuestro corazón constantemente y no respondemos al llamado que nos hace a su intimidad, corremos el riesgo de perder nuestra vida eterna con Él.

He oído decir que una vez que aceptamos al Señor como nuestro Salvador, nuestra salvación no se pierde. Pero si fuera así, no hubiera sido necesario que Pablo exhortara a los Filipenses (en el capítulo 2:12) a ocuparse en su salvación con temor y temblor. Por lo tanto, necesitamos cuidar cada área de nuestra nueva vida para que nos halle sin manchas.

Hoy puedo decir que el cielo es real, y el infierno también. Puedo afirmar que como cristianos debemos cuidar nuestra salvación y ser obedientes.

Esta es la única manera que podremos ver su promesa de eternidad cumplida. Dios no miente, no se equivoca, su promesa y sus dones son irrevocables, pero dependerá de nosotros para disfrutar y poder verla.

II. LOS "NUGGETS"

Tuve una experiencia celestial en la que ángeles vinieron a ungirme mientras dormía. Recuerdo que hablaba en voz alta lenguas angelicales y ya despierta, el Señor comenzó a interpretar esas lenguas y me dijo:

—Necesito que te levantes, necesito que intercedas. Ellos no duermen, ellos se levantan. El Reino se fortalece. Refiriéndose al mundo de las tinieblas.

Mientras todo esto acontecía, me rodeaban ángeles que no portaban alas, pero sí estaban vestidos de blanco. Sentía mi espíritu dando vueltas en un buen sentido y me decían que estaban ahí para ungirme.

Luego, vi cuatro pedazos de pollo, similares a unas

pechugas pequeñas y me dieron uno a comer. Me pregunté qué hacía comiendo eso y dudé por un momento. Sin embargo, mi oído espiritual se afinó y pude escuchar en el ámbito espiritual. Me dijeron que mientras lo comía se estaba limpiando mi cuerpo, mi espíritu seguía girando.

Después, me dieron el segundo pedazo de pollo y me mostraron una bolsa transparente. Me explicaron que al comerlo, me equipaban para ver en lo espiritual, para ver lo que hay dentro de cualquier cosa que alguien esté cargando. De inmediato supe que era Discernimiento.

El tercer pedazo de pollo era para que pudiera sentir, me dijeron:

—Debes masticarlo bien porque te será un poco amargo, no dije nada y solo obedecí.

Luego vi unas bolsitas de regalo transparentes, allí entendí que se trataba de los dones.

Para entender y explicar el tema de la carne y el acto de comerla desde la perspectiva bíblica podemos ver el siguiente pasaje:

Proverbios 9:1-6:
«La sabiduría ha edificado su casa, ha labrado sus siete columnas. Ha preparado su comida, ha mezclado su vino;

también ha puesto su mesa. Ha enviado sus criadas, clama desde las alturas de las ciudades:' ¡Venid acá!' A los faltos de cordura dice: 'Venid, comed de mi pan, y bebed del vino que he mezclado. Dejad las simplezas y vivid, y andad por el camino de la inteligencia».

En este pasaje, la sabiduría es como una mujer que ha preparado una comida y ha invitado a los faltos de cordura a comer de su pan y beber de su vino. Aquí, el comer y beber se utiliza como una metáfora para adquirir sabiduría y comprensión.

La invitación de la sabiduría a comer de su pan y beber de su vino simboliza la importancia de buscar conocimiento y sabiduría para vivir una vida plena y en el camino correcto. Sugiere que al alimentarnos de la sabiduría, nos llenamos de entendimiento, discernimiento y abandonamos la ignorancia e insensatez. Al igual que el acto de comer nos nutre físicamente, la búsqueda de la sabiduría nos nutre espiritualmente y nos capacita para tomar decisiones para vivir de acuerdo con los principios de Dios.

Esta visitación no fue otra cosa que el despertar del hambre por Su Palabra y el buscar diligentemente la Sabiduría y de lo que estaré eternamente agradecida con el Dios de los cielos.

—¡Aleluya!

NOTAS

Envíanos tu experiencia a:
info@editorialyehshuah.com

Síguenos para más testimonios:
Testimonios Cristianos tc

NOTAS

Envíanos tu experiencia a:
info@editorialyehshuah.com

Síguenos para más testimonios:
Testimonios Cristianos tc

CAPÍTULO VIII

EL DIOS QUE PREMIA LA OBEDIENCIA

CAPÍTULO VIII

El Dios que premia la obediencia

Deuteronomio 28:2
«Si obedeces al Señor tu Dios, vendrán sobre ti y te alcanzarán todas estas bendiciones»

En la Palabra notamos que el Señor hace énfasis en la importancia de ser obedientes y nos muestra los beneficios que podemos obtener, algunos de estos son:

* Juan 14:15, Jesús nos dijo que el verdadero amor hacia Él se manifiesta en la obediencia a sus enseñanzas.

* Deuteronomio 11:22 resalta que la obediencia a los mandamientos debe estar arraigada en el amor y la devoción hacia Dios.

* 1 Samuel 15:22, Samuel destaca que la obediencia sincera es más valiosa para Dios que los sacrificios externos, pues Él valora la sumisión del corazón y la atención a su voluntad por encima de todo.

La Biblia también nos presenta varios ejemplos de personajes que experimentaron las recompensas de su obediencia. A continuación, te mencionaré algunos:

* Rahab: era una prostituta en Jericó, pero cuando los espías israelitas llegaron a la ciudad, ella los escondió y los ayudó a escapar. Por su obediencia y fe, Dios la salvó cuando Jericó fue destruida y ella y su familia fueron protegidos (Josué 2:1-21; 6:22-25).

* Cornelio: era un centurión romano piadoso que buscaba a Dios sinceramente. Como respuesta a su obediencia y oración, Dios envió a Pedro para compartir el evangelio con su casa. Cornelio y su familia fueron llenos del Espíritu Santo y bautizados (Hechos 10:1-48).

* Ester: una joven judía, fue elegida como reina de Persia. Cuando su pueblo enfrentaba una amenaza de exterminio, Ester mostró valentía y obediencia al arriesgar su vida al acercarse al rey sin ser invitada. Como resultado, Dios usó su obediencia para salvar a su pueblo (Ester 4-9).

* Ana: era una mujer estéril que anhelaba tener un hijo. En lugar de perder la esperanza, ella siguió adorando y orando a Dios con perseverancia. Dios finalmente respondió su obediencia y le concedió un hijo, Samuel,

quien se convirtió en un importante profeta en Israel (1 Samuel 1-2).

Estarás de acuerdo conmigo en que una de las cosas que nos resulta más difícil como seres humanos es obedecer a Dios. Pero sé, por experiencia propia, que si obedecemos obtendremos siempre el mejor de los resultados.

La obediencia es la llave que abre todas las puertas y me tocó aprender esto con mucho dolor.

I. PÍDELE PERDÓN

Cuando mi familia y yo cumplimos dos años de vivir en Filadelfia, una prueba tocó nuestras vidas. Hasta ese momento no habíamos experimentado las consecuencias de una desobediencia; pero ese fue el momento que Dios usó para darnos una gran lección.

En aquella temporada, mi esposo se quedó sin empleo durante el invierno. Esto le llenó de mucha frustración y se deprimió. Todos los días se quejaba del gas, del seguro de automóvil, de la renta y de la falta que le hacían sus padres y familiares. Todo esto no era necesario en la Isla, así que su solución era regresar. Yo no estaba de acuerdo. Sabía que faltaba mucho por recorrer y que Dios mismo nos había llevado a Filadelfia con un propósito que todavía no se cumplía.

Una madrugada, me arrodillé una vez más para pedirle al Señor dirección. Le pregunté si debíamos regresar o no. Con voz audible escuché que me respondió:

—Ve a Génesis 26, allí te diré lo que vas a hacer.

Me levanté y corrí a buscar la Biblia; y la abrí donde el Espíritu Santo me había dicho:

«Y el Señor se le apareció y le dijo: "No vayas a Egipto. Quédate a vivir en la tierra que yo te diré. Habita como extranjero en esta tierra, y yo estaré contigo y te bendeciré. A ti y a tu descendencia les daré todas estas tierras, y así confirmaré el juramento que le hice a Abraham, tu padre."»

Comencé a llorar de felicidad, no solo tenía la respuesta, sino que era la misma que anhelaba en mi corazón. Corrí a darle la noticia a mi esposo, quien estaba durmiendo. Lo levanté súbitamente, lo cual no ayudó, y le dije la revelación que Dios me dio. Estaba segura de que él entendería, pero no fue así.

Mi esposo no creyó que Dios me había dado la respuesta, estaba tan ciego que cerró sus oídos a la palabra. Al hacer esto, abrió puertas infernales en mi casa, al punto de qué potestades y huestes del mal se pasearon por ella durante semanas. La guerra fue insoportable, quería el divorcio, pensaba que él estaba entorpeciendo los planes del Señor para mi vida. Creí, equivocadamente, que eso era lo que Dios quería.

Una madrugada me visitaron mis líderes espirituales, dos personas que Dios puso en nuestro camino para ayudarnos y comenzaron a ministrar a nuestra vida. Después de varias horas de consejos entendí que Dios no quería que nos separáramos, tampoco que yo lo juzgara y lo señalara constantemente. Dios deseaba enseñarme obediencia, a través de ese acto, él obraría en la vida de mi esposo. Así que entendí que no debía divorciarme, debía sujetarme, pero este mandato se hacía difícil y más porque sabía que él estaba equivocado.

Pero, aún así, fui obediente, tomé la decisión de seguirlo y volver a la Isla.

A menudo le hacía la pregunta al Señor del porqué, nunca más recibía respuesta. Unos tres meses después de regresar, mi esposo había prometido cosas que no estaba cumpliendo. En medio de la guerra, día a día le juzgaba y le reclamaba.

Un día nos encontramos con una mujer de Dios que le dijo:

—¿Qué haces aquí? En verdad que eres muy desobediente, pero quiero decirte que regresarás a Filadelfia.

A lo cual, mi esposo le respondió que no lo haría. Entonces aquella profeta me dijo:

—Ora para que él vuelva en sí, si no lo hace, sabrás que regresarás a Filadelfia sin él.

Aquello me entristeció mucho. Un día, cuando ya no veía respuesta a mi oración, decidí abandonarlo todo. Recogí mi ropa y la de mis hijos y dije:

—Me regreso a Philadelphia.

Terminada la discusión, él accedió. Ya no teníamos nada más de qué hablar; yo me encontraba en mi cuarto al frente de mi cama, muy frustrada. Él se peinó, tomó las llaves y se fue.

Mientras lloraba, escuché una voz que me dijo:

—Pídele perdón.

Por un momento ignoré ese llamado, pero por segunda vez escuché esta voz que me dijo lo mismo; a lo que respondí:

—No puede ser que me estés pidiendo esto. ¿Cómo quieres que le pida perdón si él es quien ha desobedecido en todo?

Y una vez más me repitió:

—Pídele perdón.

Yo, muy orgullosa, miré al cielo y señalé una esquina de mi cama y le dije muy segura:

—Señor, si él se sienta aquí ahora mismo, entonces le pediré perdón; de lo contrario no lo haré.

En esos segundos jamás imaginé que me entrelazaría con mis propias palabras. Ni había terminado bien la oración cuando mi esposo apareció y se sentó donde yo había señalado.

Mis rodillas comenzaron a temblar, todo mi cuerpo se estremeció. No podía creer que en realidad había tenido esta conversación con el Todopoderoso, fue tanto el temor que pensé que un rayo caería sobre mí.

En ese momento, evidentemente, las disculpas salieron solas, le pedí perdón, pero mientras lo hacía, todavía Dios me hablaba:

—Yo soy quien cambia, no tú. Yo soy quien se lleva la gloria, no tú. Cierra tu boca y yo voy a obrar.

Aquellas palabras fueron fuertes, pero las acepté. Recibí la corrección e hice lo que me pidió y Dios hizo la obra. En una semana mi esposo abrió los ojos, sus vendas fueron quitadas y entendió lo errado que estaba, también me pidió perdón y volvió a tener una experiencia con Dios que marcó su vida.

Una mañana, mi esposo le preguntó a Dios:

—¿Por qué me siento tan vacío, si me has dado todo lo que deseo en mi corazón?

Y el Señor le respondió:

—Lo tienes todo, menos la comunión con mi Espíritu.

En ese momento, él entendió que el Señor le había dado la oportunidad de tener todo por lo que se quejaba para que se diera cuenta de que ahí no estaba la felicidad que buscaba. Ese día, mi esposo y Dios llegaron a un acuerdo maravilloso.

Michael deseaba hacer la voluntad del Señor, así que le pidió dirección y confirmación para regresar a Filadelfia. Si Dios se la daba, nos regresaríamos. Ellos acordaron que una persona específica, con nombre y apellido, le diría con palabras exactas de que debíamos volver a Estados Unidos. Así como pidió, Dios hizo. Esta fue una petición que yo no supe hasta después que el Señor se la cumplió. Lloré, brinqué y agradecí por tanta misericordia inmerecida.

Fueron casi siete meses de prueba, pero quiero compartir contigo las lecciones que aprendimos en medio del problema:

✽ La obediencia es un principio que abre puertas a lo sobrenatural (Deuteronomio 28:1).

✽ Sujetarse es un deber conyugal que trae su recompensa (1 Pedro 3:1-2).

✽ Parte de ser obediente es estar en paz con tu cónyuge para que tu comunión no sea estorbada (1 Pedro 3:7).

* A veces el sufrimiento nos enseña obediencia, así como aprendió nuestro amado Jesús (Hebreos 5:8).

* Sobre todas las cosas, Él premia tu obediencia, así como hizo con Abraham (Génesis 26:4).

Así que nosotros fuimos testigos del poder y la veracidad de esta palabra. Hoy por hoy, ambos trabajamos para el Reino y las misericordias de Dios nos siguen acompañando a dondequiera que vamos. Además, caminamos con la hermosa convicción y certeza de que no importa cómo queramos jugar el juego, Dios siempre gana y si le obedecemos, Él toma su propio premio y lo coloca en nuestras manos.

Nuestro amado Dios siempre premia nuestra obediencia. ¡Bendito sea Dios!

NOTAS

Envíanos tu experiencia a:
info@editorialyehshuah.com

Síguenos para más testimonios:
Testimonios Cristianos tc

CAPÍTULO IX

EL DIOS QUE DA, EL DIOS QUE QUITA

CAPÍTULO IX

El Dios que da, el Dios que quita

Job 1:21
«Y dijo: Desnudo salí del vientre de mi madre, y desnudo volveré allá. Jehová dio, y Jehová quitó; sea el nombre de Jehová bendito.»

I. LA CASA

Antes de conocer a Dios, creía que los bienes materiales y la abundancia eran el resultado de nuestro trabajo y esfuerzo. Sin embargo, entendí que todo lo bueno que tenemos proviene de Él (Ver Santiago 1:17). El trabajo es un don que el Señor también nos otorga (Ver Ecle. 2:24), y el éxito es el resultado de la voluntad perfecta de Dios.

Puede ser que esto sea un poco difícil de entender para algunos, pero cuando Dios tiene un plan específico, quitar y poner piezas para poner un plan en acción es su especialidad. Quiero contarte cómo esto se hizo verdad en nosotros y cómo el Señor convirtió nuestras pérdidas en invaluables ganancias.

—Este año les daré una casa; pagarás $650 mensuales.

—Fueron las palabras del Señor en enero del 2010. A solo días de haber comenzado el año, Él nos prometió darnos una casa propia casa en Filadelfia.

Ese verano intentamos comprar una, pero no pudimos. Fue un poco incómodo no obtener respuesta; pensé: «Bueno, quizá no sea ahora, sino más adelante»y lo dejamos así.

Meses después, un hermano de la iglesia compró una casa y nos animó a volverlo a intentar.

Fuimos a nuestra primera cita con el agente de bienes raíces. Lo primero que nos preguntó fue el número de cuenta de banco. Mi esposo y yo nos miramos, y respondí:

—No tenemos cuenta en el banco.

Luego nos preguntó sobre los ahorros; volvimos a mirarnos y contesté que tampoco teníamos ahorros. La última pregunta que nos hizo fue acerca de nuestro crédito y dije:

—Tampoco tenemos.

Aquel agente nos miró con asombro y nos preguntó, muy amablemente, qué era lo hacíamos allí. Aunque parecía que habíamos caído en la ignorancia, en realidad, era la fe que Dios depositó en nosotros. Así que le respondí:

—Yo tengo una promesa de parte de Dios y es que este año Él nos dará una casa.

El agente, que era de la India, se quedó pensativo y accedió a tomar nuestro caso. Nos hizo saber que lo hacía por el hecho de que en los últimos meses había experimentado los casos más difíciles de su carrera y que todos eran de mi iglesia. El hombre, en otras palabras, estaba reconociendo que Dios estaba poniendo su mano en cada uno de nuestros casos.

Insólitamente, horas antes de despedir el año recibimos la noticia de que nos habían aprobado el préstamo. Dios, en su fidelidad, no falló. Me dijo que su promesa se haría realidad ese año, y a solo horas de despedirlo recibimos la confirmación.

Encontramos la casa ideal, y cuando llegó el momento de presentar la oferta y calcular el pagaré de nuestro préstamo, le dije al agente:

—Yo tengo otra promesa y es que pagaré por mi casa $650 mensuales. Si usted se va y regresa con ese pago, la casa que vimos ya es nuestra. Así sabré que es nuestra desde antes que los vendedores acepten la oferta.

Para la gloria de Dios, el agente regresó con la gran noticia de que nuestro pago era el mismo que Dios había prometido. En dos meses teníamos las llaves de la casa.

El día que pisamos nuestra casa por primera vez fue inolvidable. Mientras los cuatro oramos en la nueva sala, el Espíritu Santo le habló a mi esposo y le dijo:

—Yo soy quien te la doy y yo soy quien te la quito.

Aquellas palabras me supieron agridulces, nunca las olvidaré. ¿Cómo era que Dios nos quitaría lo que Él mismo nos acababa de dar? No le encontraba sentido.

Mi esposo y yo estábamos de acuerdo que viviríamos por cinco años aproximadamente, sin saber que no era un simple mutuo deseo, sino un plan divino.

Tres años vivimos en ella antes de pasar por un juicio hipotecario. Yo no tenía trabajo y estábamos nerviosos porque teníamos una cita en el tribunal.

Medité en aquella palabra y dije:

—¿Será que llegó la hora de quitarnos la casa?

Ese día la corte estaba calurosa, creo que no tenían aire acondicionado, pero de momento entró una brisa que nos acarició la espalda a mi esposo y a mí. Sentí la presencia del Señor en aquel lugar, sabía que un ángel había sido enviado y supe que todo estaría bien. El Espíritu Santo me habló y me dijo:

—Tu deuda será perdonada.

Yo no sabía que eso se podía hacer, pero así fue: no solo perdonaron la deuda, sino que bajaron nuestro pagaré.

Cuando cumplimos cinco años en la casa, inexplicablemente volvimos a caer en el mismo proceso, pero esta vez teníamos trabajo y todo iba muy bien. Le preguntaba a Dios qué pasaba; era difícil de entender o explicar, puesto que esos dos meses andaba con el dinero y cuando quería efectuar los pagos, siempre sucedía algo. Recuerdo que un día grité y le dije:

—Señor, ¿por qué no podemos pagar?, ¿qué sucede?

No recibí respuesta. Ahora entiendo que era parte de su plan.

Nosotros deseábamos mudarnos al estado de la Florida, pero teníamos incertidumbre de qué hacer con la casa. Yo quería alquilar y mi esposo vender, pero no hacíamos nada porque no nos podíamos en acuerdo. No sabíamos cuándo nos iríamos, más lo que Dios tenía planeado era aún mayor.

Una mañana obtuve la respuesta. Estaba de rodillas cuando caí en un letargo. Vi una pantalla blanca sobre un gran escritorio. Jesús estaba sentado a mi lado, no puede ver su cara, pero sabía que era Él. Nadie podría pasar por desapercibido tan inmenso amor. Su presencia era indescriptible: se sentía una paz y una confianza, como cuando te sientas con un amigo íntimo o un hermano. Jesús me dijo:

—Yo tengo un plan.

Cuando volví a mirar, me fijé que la pantalla brillante en realidad era la pizarra de un arquitecto. Él tomó en su mano un marcador rojo y comenzó a dibujar una casita. Hizo un cuadrado y un triángulo para el techo, sobre ella, escribió una X, indicando que la casa ya no sería nuestra. Luego trazó una línea como si fuera un camino hacia el sur y me dijo:

—Te mudas. —Inmediatamente, apareció un número 19:12; y luego ese número se desvaneció.

Pregunté qué significaba y Él me respondió que esa era la fecha en la que me mudaría y que Él lo probaría con su palabra en Génesis. Cuando la leí me confirmó la salida y esto me probó que era su plan sacarnos de allí.

En la visión observé que viajamos en auto a toda prisa; lo que se veía a nuestro alrededor eran luces. Vi una mano gigante que nos cubrió en el camino y me dijo:

—Ustedes portan mi propósito y mi propósito, yo lo guardo.

—¿Por qué no puedo ver más allá? —pregunté.

—No te es necesario.

Le pedí al Señor que nadie tocara la puerta de nuestra casa para sacarnos. Le dije que no deseaba tener nada que ver con la corte para no tener que regresar.

Después de esta experiencia supe qué hacer, sabía que saldría en diciembre, el mes 12, y el día 19. Jesús me había dibujado una X sobre nuestra casa y solo estábamos a la espera de la contestación del banco. Dos semanas antes de irnos llegó la carta y esta era la de desalojo. Debíamos estar fuera de la casa el uno de diciembre. Mi esposo se puso nervioso, preguntó qué íbamos a hacer con la mudanza y yo le contesté:

—Tranquilo, Dios dijo que el 19 salimos de aquí. Él no miente y Él sabrá qué hacer.

Mi esposo llamó al sheriff y ella le dijo:

—Tranquilo, de la casa no te puede sacar nadie porque hoy se emitió una orden que detiene este proceso hasta el uno de enero.

Lo que ella estaba diciendo era que nadie tocaría nuestra puerta, tal como se lo había pedido a Dios.

Dios nos dio nuestra casa y también nos la quitó; ¿qué propósito tendría todo esto? Espere un año para la respuesta.

Un día me habló y me dijo:
—Si no les quito la casa, hubieran abortado mi propósito.

Esas palabras fueron profundas porque ambos sabíamos que era la verdad.

¿Recuerdas que no pude ver más allá de lo que me mostraba en la visión? Jesús calló e hizo silencio por amor a mí. Proteger y cuidar su propósito significó guardar mi corazón. Si hubiéramos sabido la necesidad y la situación tan difícil que nos tocaría vivir comenzando desde cero, no nos hubiésemos mudado. De haber tenido la casa en Filadelfia, nos hubiéramos regresado sin pensar.

Pero haber soportado la tormenta, las pruebas, las dudas y mantenernos firmes, nos trajo una recompensa. Hoy por hoy, Dios no dio a cada uno un trabajo y una misión. Su bendición nos persigue a dondequiera que vamos.

No sé si puedes ver el amor y la inmensa misericordia de Dios para con nosotros. Perdimos una casa, ganamos su aprobación; creció nuestra fe, confianza y el favor de Dios, el cual es invaluable.

II. SI NO TE QUITO NO TE PUEDO DAR MÁS

Cuando nos mudamos al estado de la Florida, como mencioné antes, no fue fácil. Nuestras finanzas se vieron afectadas, por falta de trabajo las cosas no fueron fluyeron como pensamos. A pesar de la necesidad, el Señor nunca nos dejó desamparados.

Un día mi esposo se levantó a trabajar en su nuevo empleo y cuando salió encontró que nuestro auto no estaba donde lo estacionamos. Nos alarmamos y llamamos a las autoridades para reportar el robo de nuestro vehículo. Pero para nuestra sorpresa, en el cuartel nos indicaron que nuestro auto había sido embargado. El mundo se nos cayó encima.

Hice una llamada para saber a dónde se lo habían llevado. La operadora me dijo que si pagaba la deuda, podría recoger el carro. Mientras me puso en espera, escuché la voz de Dios que me dijo:

—No volverás a recoger el carro.
Me angustié, pero sentí al final una paz y le dije:

—Señor, si eres tú quien está dirigiéndome, yo quiero ser obediente, pero necesito que tú se lo digas también a mi esposo.

La operadora regresó y me preguntó si vendría a buscar el auto, yo le respondí que le devolvería la llamada. Mientras me dirigía a la sala rogaba a Dios que dirigiera a mi esposo. Finalmente, me llevé una sorpresa, Michael estaba de rodillas en la sala, orando. Cuando terminó, se levantó y con sus ojos llenos de lágrimas me dijo:

—El Señor me acaba de hablar y ha dicho que no vamos a volver a recoger el auto; pero el Señor también me dijo algo que me impactó: «Si no te quito no te puedo dar más».

Aquellas palabras me dieron una paz inmensa. Secamos nuestras lágrimas y no volvimos a llorar. Sabíamos que Él es quien da y quien quita; por lo tanto, solo debíamos ser obedientes.

Estuvimos esperando que el Señor obrara. Al mes, nuestra iglesia se movió en misericordia y amor y nos regalaron un auto. Ese auto no tenía deudas, así que nos ayudó con nuestras finanzas. Al siguiente año, ya Dios nos había prosperado como lo prometió.

En las dos experiencias todo obró para bien y entendí que cuando Dios da, lo hace por nuestro bienestar, y cuando nos quita también lo hace por el mismo motivo.

También aprendí que:

* Mis deseos pueden ser engañosos, pero Él conoce qué es lo mejor para nosotros desde antes que pronunciemos alguna palabra (Salmos 139:1-6).

* Él conoce todas nuestras necesidades y las suplirá a su tiempo (Filipenses 4:19).

* Una vez más cumple lo que promete y galardona a los obedientes (Éxodo 19:5).

* Aun cuando calle y haga silencio por amor a mí, puedo confiar en Él ciegamente (Sofonías 3:17).

Llegué a la preciosa conclusión de que a veces es necesario que Dios nos quite para darnos más de lo que poseemos. Porque la pérdida en Dios es ganancia. Quizá tendremos que sacrificar algo o a alguien, pero la enseñanza y la ministración espiritual que ganamos es para siempre y con ella podemos alcanzar lo más valioso que es la vida eterna.

Quién mejor que el Padre que nos dio el ejemplo del más grande sacrificio, el de entregar a Su Hijo por una recompensa mayor: la salvación tuya, mía y la del mundo.

NOTAS

Envíanos tu experiencia a:
info@editorialyehshuah.com

Síguenos para más testimonios:
Testimonios Cristianos tc

CAPÍTULO X

EL DIOS VIVO Y VERDADERO

CAPÍTULO X

El Dios vivo y verdadero
Job 1:21
«Y esta es la vida eterna: que te conozcan a ti, el único Dios verdadero, y a Jesucristo a quien tú has enviado.»

Una vida entera, no sería suficiente para describir en papel quién es Dios. Su majestuosidad y grandeza trascienden la capacidad de comprensión humana. No hay palabras ni libros suficientes para abarcar completamente su esencia. Sin embargo, deseo compartir este capítulo de mi vida para no solo hablar de los atributos que lo describen, sino también para compartir mis experiencias personales que evidencian su presencia y obra en mi vida.

✵ Trascendencia: Yahweh está por encima y más allá de todo lo que ha creado. Es infinito, eterno y no está limitado por el tiempo o el espacio. (Isaías 55:9)

✵ Omnipotencia: Yahweh es todopoderoso y tiene el poder para crear, controlar y sostener todo lo que existe. No hay nada que no pueda hacer. (Jeremías 32:17)

✵ Omnisciencia: Yahweh lo sabe todo. Conoce el pasado, el presente y el futuro, más tiene conocimiento completo de todas las cosas. (Salmo 139:2-4)

* Omnipresencia: Yahweh está en todas partes al mismo tiempo. No hay un lugar donde Él no esté presente. (Salmo 139:7-10)

* Amor: Yahweh es un Dios lleno de amor. A lo largo de la Biblia, se muestra su amor incondicional hacia la humanidad. Él busca tener una relación cercana con su pueblo y muestra compasión y misericordia hacia ellos. (Juan 3:16)

* Santidad: Yahweh es completamente puro y está separado del pecado. Su naturaleza santa requiere que vivamos de acuerdo con sus estándares de pureza y obediencia. (Levítico 19:2)

* Veracidad: Yahweh siempre cumple sus promesas y es completamente confiable. Lo que Él dice, lo hace realidad. Su Palabra es verdadera y podemos confiar en ella. (Números 23:19)

* Justicia: Yahweh es un Dios justo y equitativo. Él juzga con imparcialidad y castiga el pecado. No hay injusticia en Él, y su justicia prevalece en todas las situaciones. (Salmo 89:14)

I. LA PINTURA Y LA MEDALLA

¿Has pasado por un momento tan incómodo y decepcionante que hizo que tus ojos se abrieran a una verdad? Si tu respuesta es sí, seguramente coincidas conmigo en que una pequeña decepción puede convertirse en una puerta hacia la libertad, sobre todo cuando eres preso de alguna equivocación. ¿Comprendes?

Este fue mi caso, dos sucesos, aparentemente insignificantes, causaron una gran decepción en mi vida; pero sin ellos, no hubiera conocido la verdad acerca de Dios.

Mi abuela materna era quien me llevaba a la iglesia. Ella era católica y de vez en cuando me recogía para que la acompañara. Allí había toda clase de imágenes de Jesús y la Virgen, sin embargo, ahí fue donde aprendí sobre la oración y a hacerlo de rodillas. Más que nada, pero sobre todo, aprendí sobre la verdad absoluta; que Dios envió a Su Hijo a morir por mí en la cruz del calvario. Mis padres, a los que amo y honro, eran también católicos. Así que también teníamos pinturas de Jesús en la casa y una virgen de yeso a la que solían hacerle procesiones todos los años.

Un día, mi papá me dijo:
—Si gano la lotería te llevo a Disney. Reza para que pueda ganar. Yo tomé aquello como una verdad y ese día busqué a Jesús donde me enseñaron que Él estaba. Por lo menos en mi casa, Jesús se encontraba en un cuadro colgado en la pared. Aquel Jesús se veía triste, nunca me miraba, nunca me hablaba y no estaba segura si esta vez escucharía lo que tenía que decirle.

Muy seriamente, me arrodillé frente a la pintura y con mucha fe le pedí a Jesús que mi papá se sacara la lotería para poder ir a Disney. Luego, esperé con ansias a mi padre para escuchar las buenas noticias. Aquel rezo no podía fracasar. Yo cumplí con todo, lo aprendí muy bien.

Cuando mi padre regresó, corrí a preguntarle si había ganado la lotería y para mi sorpresa, su respuesta fue «no». En aquel momento, sentí esa gran decepción de la que te hablé. Nuevamente, me fui a buscarlo a la habitación y le pregunté qué había pasado. Mientras lo miraba, entendí que no me respondería. Pensé, si nunca antes lo había hecho, ¿por qué habría de hacerlo ahora? La incertidumbre me invadió.

Aquella experiencia fue significativa y creó una duda importante en mí que me llevó a cuestionarme si verdaderamente Él era el Dios, si yo estaba mal o si Él no era del todo como me lo habían descrito.

Quién iba a imaginar que aquel sinsabor caminaría conmigo por mucho tiempo. Quién diría que tenía un propósito que no iba a descubrir hasta que otra decepción se topará conmigo.

Unos años después, a una amiga y a mí nos obsequiaron una medalla con una imagen de Jesús; sinceramente, yo la encontraba hermosa. Ambas las usábamos todo el tiempo y yo estaba contenta porque Jesús no solamente estaba en aquella pared, sino que iba conmigo dondequiera que lo llevaba. Al menos, eso pensaba.

Días después visitamos una iglesia católica que habían construido en nuestro barrio. Horas antes de vernos allí, la tía de mi amiga le comentó que las medallas que usábamos como amuleto no eran del agrado de Dios. Aquel comentario golpeó algo dentro de mí. La sensación me era familiar. Todavía recuerdo nuestra expresión: teníamos el alma afligida y hasta lágrimas salieron de nuestros ojos. ¡Cómo era posible, si habíamos crecido con esas enseñanzas! Lo que no sabía era que el Señor conocía todos nuestros movimientos y produjo en nosotras ese sentir para mostrarnos el camino correcto. De hecho, lo hace con todos, lo dice Su Palabra en 2 Corintios 7:10: «Porque la tristeza que es conforme a la voluntad de Dios produce un arrepentimiento que conduce a la salvación, sin dejar pesar».

Aquel día, al llegar a la casa, le comenté a mi hermano Luis lo que sucedió con la medalla que me regalaron. Él, quien ya conocía de Jesucristo a muy temprana edad, no tardó en tomar su Biblia y leyó en voz alta:

«No te harás imagen, ni ninguna semejanza de cosa que esté arriba en el cielo, ni abajo en la tierra, ni en las aguas debajo de la tierra: No te inclinarás a ellas, ni las honrarás; porque yo soy Jehová tu Dios, fuerte, celoso, que visito la maldad de los padres, sobre los hijos, sobre los terceros y sobre los cuartos, a los que me aborrecen, Y que hago misericordia en millares a los que me aman, y guardan mis mandamientos.» (Éxodo 20:4-6)

Allí mi joven corazón se detuvo, la Palabra me estaba confrontando con todo lo que había hecho. Lo que me enseñaron no estaba del todo correcto y la Biblia era clara con eso. Entonces las piezas comenzaban a encajar unas con otras. Comencé a entender que el problema no era Dios, sino la forma incorrecta en que lo buscaba. Todo me quedó muy claro. Por fin había entendido por qué Jesús no me contestaba, no me miraba y no me escuchaba. Ese Jesús no estaba vivo, no era el verdadero.

Comprendí que Dios no permitió que fuera a Disney porque Él no podía ir en contra de su naturaleza. No podía alimentar una fe incorrecta, fundada en un dios falso o en una imagen de Su Hijo Jesús. No estaba acorde con mi propósito ni con la verdad escrita en Su Palabra.

Con todo, a la edad de trece años, a Dios le plació concederme el deseo que tenía en mi corazón, no por aquella invocación, sino porque conocía cada petición de mi interior (Sal. 139:4). Cuando menos lo esperé, le suplió a mi padre para poder viajar a los Estados Unidos, donde mis tíos, a los cuales Dios usó, me llevaron a cumplir mi sueño.

Aquellas experiencias me alinearon hacia el camino correcto. Aún sin servirle, sabía que ya nada podría hacerme inclinar ante ninguna imagen. Había descubierto una verdad y estaba agradecida.

Posiblemente, has pasado por algo similar, quizá no. Sin embargo, quiero compartirte que años más tarde, descubrí que no estaba siendo idólatra como en el pasado, pero sí me encontraba practicando otro tipo de idolatrías. A estas, les llamo las silenciosas, porque solemos practicarlas sin darnos cuenta; por ejemplo:

✴ **El egocentrismo**

Significa tener una valoración excesiva de nuestra propia autoestima. Alimentar el yo antes que lo que proviene de Dios. Preocuparnos por nosotros y nuestro bienestar restando importancia a los demás. La Biblia nos habla: «Por qué donde hay celos y ambición, allí hay confusión y toda cosa mala» (Sant. 3:16).

✴ **Las adicciones**

Todo aquello de lo que dependes antes que depender del Señor. Cuando dejamos que algo nos domine, estamos

poniendo a Dios en último plano. «Todo me está permitido, pero no todo es para mi bien. Todo me está permitido, pero no dejaré que nada me domine» (1 Cor. 6:12).

✴ **Los placeres**

Todo a lo que le dedicas más tiempo que a tu compromiso con Dios. «Más la que se entrega a los placeres desenfrenados, aunque esté viva, morirá» (1 Tim. 5:6).

✴ **La vanidad**

Lujos, vestimenta, banquetes que tienen el fin de exaltarte a ti mismo y no a Dios. «Nada hagáis por contienda o por vanagloria; antes bien con humildad, estimando cada uno a los demás como superiores a él mismo» (Fil. 2:3-5).

✴ **El humanismo:**

Idolatramos todas las creencias de la humanidad y las catalogamos como una verdad absoluta, pasando por alto lo que dice el Señor en Su Palabra: «También debes saber esto: que en los postreros días vendrán tiempos peligrosos. Porque habrá hombres amadores de sí mismos, avaros, vanagloriosos, soberbios, blasfemos, desobedientes a los padres, ingratos, impíos, sin afecto natural, implacables, calumniadores, intemperantes, crueles, aborrecedores de lo bueno, traidores, impetuosos, infatuados, amadores de los deleites más que de Dios, que tendrán apariencia de piedad, pero negarán la eficacia de ella; a estos evita» (2 Tim. 3:1-5).

✴ **Dejar a Dios de último**

Esto puede incluir que no tomamos en cuenta a Dios en nuestras decisiones ni le damos el primer lugar que le corresponde. «Más buscad primeramente el reino de Dios y su justicia, y todas estas cosas os serán añadidas» (Mat. 6:33).

Lastimosamente, estas son algunas prácticas que se realizan de forma inconsciente, incluso algunas de ellas pueden manifestarse dentro de los cristianos.

Afortunadamente, me encontré con el único Dios. El que me perdono todas mis iniquidades. Quien envió a Su Hijo Jesús para morir en la cruz por mis rebeliones. Su Hijo murió y al tercer día resucitó; ya no estaba colgado en una cruz, sino que reina a la diestra del Padre para siempre. Él también hará contigo más de lo que puedas imaginar. Y si de alguna manera sientes que le has ofendido, Él será fiel y justo para perdonarte.

«Por tanto, arrepentíos y convertíos, para que vuestros pecados sean borrados, a fin de que tiempos de refrigerio vengan de la presencia del Señor.» Hechos 3:19

NOTAS

Envíanos tu experiencia a:
info@editorialyehshuah.com

Síguenos para más testimonios:
Testimonios Cristianos tc

CAPÍTULO XI

EL DIOS DE LA LIBERTAD

CAPÍTULO XI

El Dios de la libertad

Juan 8:36
«Así que, si el Hijo os libertare, seréis verdaderamente libre»

La libertad es un derecho que todo ser humano posee, pero a veces ignoramos que en el mundo espiritual existe una legalidad que desempeña un papel importante cuando buscamos disfrutar plenamente de ese derecho y nos encontramos con limitaciones. Aunque este capítulo no se centra en la legalidad, es importante mencionar que todo cristiano debe regirse por la Palabra de Dios y sus estatutos. Cuando se violan estos principios, el mundo espiritual puede intervenir de manera perjudicial y ejercer una jurisdicción con cierto poder.

Cada decisión y acción que tomamos tiene consecuencias que, ya sea que las aceptemos o no, pueden traer giros inesperados a nuestras vidas y afectar a las generaciones futuras.

En el capítulo IV, "El Dios que cumple sus promesas", mencioné una mentira que sostuve durante muchos años. Pensé que una vez que confesé esa mentira y experimenté la libertad en mi vida, todo estaría resuelto. Sin embargo, me di cuenta de que existía una legalidad espiritual que podría afectar la vida de mis hijos si no la cancelaba. No puedo estar más agradecida con Dios por mostrarme su misericordia una vez más durante este proceso.

Recientemente, me encontraba en el último retiro espiritual de sanidad interior de la temporada, del cual estoy a cargo en mi iglesia. Era el cuarto retiro de ese año y me correspondía enseñar a los servidores sobre el tema de la libertad. Mientras llevaba a cabo mis estudios, reforcé el tema de las maldiciones generacionales y les enseñé sobre el poder de las herencias tanto físicas como espirituales, citando historias bíblicas donde esas maldiciones se manifestaron en la vida de los personajes.

Les confirmé con La Palabra que muchas veces actuamos de cierta forma sin comprender el porqué y que posiblemente tenga que ver con nuestros antepasados. Lastimosamente, podemos estar luchando con las batallas que nuestros padres no pudieron vencer. Por lo tanto, lo que no venzas hoy será una batalla que tus hijos heredarán.

¿Por qué sucede esto? Porque hay una palabra que lo afirma:

Éxodo 20:5-6
Yo soy Jehová, tu Dios, fuerte y celoso, que castigo la maldad de los padres en los hijos hasta la tercera y cuarta generación de aquellos que me aborrecen.

Dios prometió maldecir generaciones y la historia de los gabaonitas, habitantes de la tierra de Canaán, es una de tantos ejemplos que encontramos sobre esta verdad. Quienes decidieron engañar a los israelitas para hacer un pacto de paz y evitar ser destruidos. Se disfrazaron y se presentaron ante Josué y los líderes de Israel, alegando que venían de una tierra lejana y deseaban hacer un pacto. Josué y los líderes israelitas, sin consultar a Dios, aceptaron el pacto y juraron no dañar a los gabaonitas.

Sin embargo, más tarde descubrieron que los gabaonitas en realidad eran vecinos de Canaán y habitaban en ciudades cercanas. Aunque los líderes de Israel estaban enfadados por el engaño, decidieron mantener su juramento y no destruirlos debido a su pacto.

Como resultado, los gabaonitas se convirtieron en siervos y quedaron en una posición de servidumbre y subordinación debido a su engaño (ver Josué 9).

Enseñé esto a los servidores y, unos días después, Dios me dio un sueño. Donde unos guardias irrumpieron en mi habitación a medianoche. Al parecer, tenían derecho legal para hacerlo, pero no entendía por qué habían entrado.

Comencé a llorar intensamente mientras ellos se llevaron medicamentos que estaban a nombre de mi suegra y otros familiares. No entendí el motivo de su acción y me sentí muy angustiada. Al despertar le resté importancia, pero en mi espíritu algo había sucedido.

Dos días más tarde, sentí que mi corazón quería salirse de mi pecho. Recuerdo soltar todo y salir corriendo hacia mi cabaña de oración para preguntarle a Dios qué era lo que me estaba incomodando. El Espíritu Santo me habló y me dijo que debía romper toda maldición que había sobre mis generaciones, porque yo había caído en el pecado de la mentira durante 8 años de mi vida y era imposible que no hubiera repercusiones.

Al instante, escuché una voz que me dijo: "Hija, esos guardias no vinieron a irrumpir, vinieron a librarte". No podía contener mi llanto.

En ese mismo tiempo, mi hijo había estado experimentando un fuerte desánimo y se había encerrado en su cuarto. Era una habitación totalmente oscura, pero yo sabía que esa oscuridad era más espiritual que física.

Recuerdo al Espíritu, hablándome nuevamente y diciéndome: "Rompe con ese puente que construiste, rompe también con la estructura que hicieron tus padres". Al instante comencé a gritar, estaba siendo liberada de una maldición que evidentemente también estaba afectando a mis hijos.

Luego salí corriendo hacia la habitación de mi hijo y entre lágrimas, le pedí perdón. Le expliqué lo que había aprendido y le prometí que nunca más sufriría las consecuencias por mis acciones. A la semana siguiente, mi hijo nos solo salió de su habitación, se mudó, de cuarto y su semblante se transformó de una forma impresionante.

Ahora se ha vuelto una gran responsabilidad para mí llevar este mensaje. Cada error que cometemos es como un ladrillo que forma el puente por el cual nuestros hijos transitarán si no nos arrepentimos y no tomamos en cuenta las repercusiones de nuestras decisiones. Las maldiciones generacionales son como osos, pueden hibernar, pero llega un momento en que despiertan y, si encuentran la puerta abierta, caminarán por donde no deben.

Hay una sola manera de revocar esto y es a través de la preciosa sangre de Jesús. Mira lo que dice Jeremías 31:29: "En aquellos días no dirán más: "Los padres comieron uvas agrias, y los dientes de los hijos sufren la dentera". Esta es la promesa de Dios de que la sangre de Cristo nos rescata de la vida que heredamos de nuestros padres y su cumplimiento se encuentra en:

1 Pedro 1:18-19. "Tengan presente que han sido rescatados de su vana manera de vivir, la cual heredaron de sus padres, no con cosas corruptibles como oro o plata, sino con la sangre preciosa de Cristo, como de un cordero sin mancha y sin contaminación".

Éxodo 20:5-6. "Yo soy Jehová, tu Dios, fuerte y celoso, que visito la maldad de los padres sobre los hijos hasta la tercera y cuarta generación de aquellos que me aborrecen, pero hago misericordia a millares, a los que me aman y guardan mis mandamientos".

Si amas a Dios y guardas sus mandamientos, Él promete tener misericordia a millares. Es importante recordar que, aunque exista una consecuencia generacional por la maldad de los padres, la misericordia de Dios está disponible para aquellos que lo aman y siguen sus mandamientos.

NOTAS

Envíanos tu experiencia a:
info@editorialyehshuah.com

Síguenos para más testimonios:
Testimonios Cristianos tc

CAPÍTULO XII

EL DIOS QUE PRUEBA SU AMOR

CAPÍTULO XII

El Dios que prueba su amor

Juan 3:16
«Porque de tal manera amó Dios al mundo, que ha dado a su hijo unigénito, para que todo aquel que en Él cree, no se pierda más tenga vida eterna.»

Este último capítulo se ha convertido en uno de mis favoritos. Creo que captura mi dolor anestesiado, pero al mismo tiempo resalta el inmenso amor de Dios que resulta indescriptible. Es un amor profundo, capaz de coexistir junto al dolor y transformarlo. Por esta razón, quiero compartirlo exactamente como lo experimenté aquel día en el parque.

I. UN VIENTO RECIO

Hoy es lunes, 8 de junio de 2020. Es exactamente la 1:28 pm y me encuentro en un lugar de la Florida donde el Espíritu Santo me trajo. Es que hace dos días me dio instrucciones específicas de que mi último capítulo, el cual había tratado desarrollar y no había podido, se terminaría fuera de mi casa. No frente a mi computadora ni tampoco en mi oficina.

La razón por la que no podía terminar este capítulo era porque cada vez que trataba, sentía un profundo sentimiento de amor que me abrazaba. Algo tan grande y especial que no puedo explicar. Sentía que necesitaba dedicar toda la pasión, todo el esfuerzo y todo el amor que mi capacidad le permitiera brindar a este capítulo. Si Él prueba su amor por nosotros, ¿por qué no buscar la forma de probar que también le amamos?

A veces vivimos para que el Señor nos toque, pero ¿qué hacemos para intentar tocarlo a Él?

Un día, en intimidad, me dijo:

—Cada vez que me hablas con tu corazón y me anhelas, cuando deseas mi carácter y mi corazón en el tuyo, me tocas.

Así que, en obediencia y para demostrarle mi amor, hoy me monté en mi auto sin saber a dónde iba exactamente. Pero en un momento en el camino, el Señor me habló y me dijo:

—Desde este instante en adelante correrás durante siete minutos; allí será nuestro lugar de encuentro."

Para mi sorpresa, quiero testificar, que me detuve en el minuto exacto y me trajo a un lugar hermoso con una vista asombrosa. Hace una brisa tan fuerte que hace que nuestra cita sea aún más placentera.

Ahora entiendo por qué me trajo hasta aquí y no solo fue por amor a mí, sino también por amor a ti. Él quería que supieras, a través de mí, las cosas grandiosas que Dios puede hacer. Que puedas apreciar los detalles tan pequeños, como lo grandes que realmente son. Que comprendas lo que Él puede poner en tus manos para que tú también abras tus labios y publiques al mundo sus proezas.

Quiero contarte una experiencia que tuvimos mi esposo Michael y yo. Cada vez que la contamos, nos cuesta creer que la vivimos. Sin embargo, fue así.

Esto pasó en un tiempo de prueba. Nos fuimos a un parque, que estaba cerca de mi casa a conversar sobre lo que nos estaba aconteciendo. De repente, sentí la necesidad de poner la mano en el pecho de mi esposo. Ahí mismo él se quebrantó. El Espíritu de Dios comenzó a hablarle y le dijo:

—Yo estoy aquí, observa los árboles que ahora me manifestaré en ellos.

Mi esposo repitió esas palabras para que yo la pudiera escuchar lo que Dios le estaba diciendo. Ambos miramos y todos los árboles comenzaron a batirse de un lado a otro, lo que estaban viendo nuestros ojos no lo podemos explicar. Envueltos en llanto, el Espíritu volvió a hablarle y le dijo:

—Ahora observa ese árbol que está frente de ti, voy a detener los vientos y este árbol será el único que se va a mover.

Mi esposo repitió lo que el Señor le decía para que yo también escuchara y volvimos a mirar. Una vez más vimos aquel único árbol moviéndose de un lado al otro por causa del viento. Por si fuera poco, volvió a hablarle por tercera vez y le dijo:

—Ahora todos los árboles se moverán, pero ese que está moviéndose se va a detener. —Y así sucedió.

Aquella experiencia nos dio a ambos la prueba más grande de su amor y su existencia, además de la manifestación más palpable de su poder.

Hoy me pregunto en qué punto tan bajo de desánimo nos encontrábamos que fue necesaria una manifestación tan increíble. Muchas veces los afanes y las contrariedades nos llevan a pensar que lo que hacemos es en vano. Es en ese momento donde el amor de Dios sale a nuestro encuentro. Él no tiene necesidad de socorrernos, pero lo hace; no tiene necesidad de ayudarnos, pero lo hace. Y es qué, cuando nos ha fallado Dios.

II. LA PRUEBA DE SU AMOR

La siguiente experiencia que quiero compartir contigo me sucedió en Filadelfia. Tuve una visión y vi el rostro de mi abuela. Pregunté al Señor:

—¿Qué es esto? ¿Por qué mi abuela?

Me preocupé, tomé mi celular y la llamé. Eran alrededor de las siete de la mañana. Le pregunté cómo estaba, me contó y que los médicos le habían encontrado una masa, pero que debido a todas sus condiciones no se arriesgaban a operarla. Me pidió que orara por ella y le dije:

—Abuela, siento que debes venir aquí. Te van a operar y no solo encontrarás tu sanidad, sino también tu salvación.

Hablé con convicción, sin saber que eso era lo que verdaderamente Dios tenía preparado para ella.

Aquello ya era una prueba del amor que Dios le tenía a mi abuela, que en su angustia, me movió a mí para que intercediera a su favor.

Ella viajó y se operó. La operación fue un éxito gracias a la misericordia del Señor que escuchó la oración. Un año después planificó regresar a Puerto Rico, esta vez regresaría con una maleta llena de regalos para sus nietos, estaba muy emocionada de volver a ver su patria.

Al día siguiente se sintió mal y mi mamá la llevó al hospital, jamás pensé en que podría ser fatal, en mi mente pensé que saldría de allí, pero tristemente no fue así.

Cuatro días pasaron y mi esposo y yo la fuimos a visitar, cuando llegamos mi abuela dormía, pero algo extraño me sucedió. Cuando la vi tuve la sensación de que estaba muerta y se lo comenté a Michael. Le dije que oráramos y él me interrumpió, puesto que el Espíritu ya le estaba ministrando una palabra para ella. Aquella palabra está en Proverbios 15:23-24, y dice: «El hombre se alegra con la respuesta de sus labios y la palabra a su tiempo cuán buena es. El camino de la vida es hacia arriba al entendido, para apartarse del infierno abajo». En ese momento no comprendí el significado, pero el Espíritu ya le había dado la revelación a mi esposo.

Él se dirigió hacia ella y le dijo que cuando el hombre confiesa al Señor, su respuesta le provoca alegría. Le dijo que el camino hacia arriba, haciendo referencia del cielo, era para los que entendían el sacrificio de Jesús y lo aceptaban como su único Salvador. Que también para los que comprendían que a través de Él podían tener el perdón de sus pecados para apartarse del seol, el cual es el infierno. Que tenía una promesa de vida eterna si lo aceptaba. Para la gloria de Dios, ella lo aceptó, estábamos muy contentos y me despedí.

Al día siguiente, mi abuela falleció, pero antes de que muriera, mientras mi esposo y yo orábamos por su salud y tuve una visión. En ella vi a cuatro ángeles con espadas de fuego frente a la camilla de mi abuela. De su cuerpo salió una especie de humo blanco que ascendió al cielo. No pensé que debía decirle a Michael nada porque todavía creía que ella vivía. Pero unos minutos después recibí la llamada. Aquello fue un bálsamo, tanto para mí como para mi mamá; nos consoló saber que había habido una guerra por su alma y que

Dios había enviado a sus ángeles guerreros con espadas de fuego para llevarse el alma de mi abuela. Supe que se fue con Él, eso me llenó de aliento, fortaleza y felicidad. Lloré, sentí gozo y mucha paz.

Unos días antes de que mi abuela cayera en el hospital me sucedieron varias cosas que no entendía. Más adelante comprendí que Dios me estaba dando señales para avisarme que se llevaría a mi abuela.

Algunas de estas señales fueron:

Una noche me arrodillé en el altar de la iglesia y comencé a hablar con Dios. Recuerdo que comencé a llorar con un sentimiento de pérdida, como cuando alguien muere. Al día siguiente se lo comenté a mi mamá y ella quedó en silencio. Dios, movido en amor, le estaba dando la señal a mi mamá a través de mí, que se preparara para lo peor.

- Un cielo hermoso y tomé una foto.

Al día siguiente, descubrí en ella una nube con forma de ángel: tenía sus alas, un manto y un cinto y en sus manos portaba una espada de fuego. Cuando acerqué la foto, al lado izquierdo había un rostro humano. La persona dormía. Fue impresionante y le cuestioné a Dios por qué me había concedido retratar un ángel. Aquel suceso no me hacía feliz, ni encajaba con la alegría que debía sentir. Lastimosamente, ese rostro era el de mi abuela. Aquella foto estuvo en mis manos por mucho tiempo, mucha gente fue testigo de esa prueba, pero la perdí. Lloré tanto y le pregunté al Señor por qué y contestó que esa prueba era solo para mí. De antemano, Dios me estaba mostrando la guerra espiritual que se levantaría por el alma de mi abuela. Era una representación de los cuatro ángeles que vendrían por ella.

- Unas semanas antes nos encontrábamos en un parque y una hermosa mariposa nos acompañó a mi hijo y a mí.

Algo que llamó mucho mi atención era que esta mariposa nos siguió por todo el camino, por un período largo de tiempo, y casi podíamos tocarla. Lo que Dios me estaba tratando de decir es que la muerte de mi abuela sería como la metamorfosis de una mariposa, ella solo sería transformada, puesto que se fue salva.

Hoy 27 de noviembre de 2023, mientras escribo y cierro el último capítulo de la Segunda Edición de este libro, les comparto que cada vez que veo una mariposa, recuerdo la promesa de que su presencia siempre estará conmigo. Recuerdo que cada proceso doloroso siempre trae consigo unas hermosas alas que nos permiten volar hacia lugares inimaginados. Que mientras persiga su presencia, como lo haría con una mariposa, Él siempre estará cerca.

Dios, quien es el mismo de siempre, me enseñó algo que jamás olvidaré. Aprendí que cada dolor permitido bajo su voluntad vendrá lleno de compasión y una misericordia incomprensible, también de un consuelo infinito y una paz incalculable; pero sobre todas las cosas estará acompañado de la prueba de su amor.

La Biblia registra que la mayor prueba de Su amor por nosotros fue haber dado a su Hijo unigénito para que todo aquel que en Él creyera no se pierda más tenga vida eterna. No sé si tú tienes al Señor en tu corazón, no sé si tus labios han confesado su nombre, no sé si has abierto tu corazón a su salvación. Pero si no lo has hecho, este es el momento.

«Porque con el corazón se cree para justicia, y con la boca se confiesa para salvación» (Romanos 10:10).

ORACIÓN

Señor, Tú conoces mi despertar y mi caminar. Solo tú conoces las pruebas y el dolor por el cual he atravesado. Eres tú, oh Dios, quien me llena de favor, quien me ha sostenido hasta aquí. El único que conoce mis planes, mi corazón y tu propósito para conmigo.

Te pido en estos momentos que me recibas; te abro mi corazón y te acepto como mi único Salvador. Te pido que me ayudes y me llenes con tu Espíritu Santo. Deseo que me ayudes a no volver atrás, que perdones mis pecados y me prepares para ser parte de tu ejército. Te pido que me capacites y me dotes de todos los dones necesarios para cumplir con mi propósito aquí en la tierra. Te doy las gracias desde ahora por tantas pruebas de tu amor que me darás de ahora en adelante, y te pido todo esto en el nombre de tu amado Hijo, Jesús. Amén y amén.

A CONTINUACIÓN, TE REGALO UNA LISTA DE LOS NOMBRES DEL PADRE, DEL HIJO Y DEL ESPÍRITU SANTO:

NOMBRES DE DIOS

Jehová (Éxodo 6:3)

El Shaddai (Génesis 17:1)

El Elyon (Génesis 14:18-20)

Adonai (Salmos 8:1)

El Olam (Génesis 21:33)

Jireh (Génesis 22:14)

Rapha (Éxodo 15:26)

Nissi (Éxodo 17:15)

Shalom (Jueces 6:24)

Sabaoth (1 Samuel 1:3

Rohi (Salmos 23:1)

El Roi (Salmos 23:1)

NOMBRES DEL HIJO

Jesús de Nazaret (Mateo 21:11)
Cristo (Mateo 16:16)
Hijo de Dios (Mateo 14:33)
Salvador (Lucas 2:11)
Señor (Lucas 2:11)
Emanuel (Mateo 1:23)
Cordero de Dios (Juan 1:29)
Maestro (Juan 13:13)
Rey de reyes (Apocalipsis 19:16)
Príncipe de paz (Isaías 9:6)
Verbo (Juan 1:1)
Luz del mundo (Juan 8:12)
Pan de vida (Juan 6:35)
Buen Pastor (Juan 10:11)
Camino, Verdad y Vida (Juan 14:6)
Resurrección y Vida (Juan 11:25)
Hijo del Hombre (Mateo 20:28)
Piedra Angular (Mateo 21:42)
Redentor (Gálatas 3:13)
Luz del mundo (Juan 9:5)

NOMBRES DEL ESPÍRITU SANTO

Espíritu de Santidad (Romanos 1:4)
Espíritu de Sabiduría (Isaías 11:2)
Espíritu de Consejo (Isaías 11:2)
Espíritu de Poder (2 Timoteo 1:7)
Espíritu de Amor (2 Timoteo 1:7)
Espíritu de Vida (Romanos 8:2)
Espíritu de Gracia (Hebreos 10:29)
Espíritu de Súplica (Zacarías 12:10)
Consolador (Juan 14:26)
Espíritu de Adopción (Romanos 8:15)
Espíritu de Conocimiento (Isaías 11:2)
Espíritu de Libertad (2 Corintios 3:17)
Espíritu de Revelación (Efesios 1:17)
Espíritu de Santo (Mateo 1:18)
Espíritu de Fuego (Mateo 3:11)

Mis libros y libretas en amazon

amazon.com/author/carolinelallave.7

Biografía de la autora

Caroline Lallave entregó su vida al Señor en el año 2004. Desde entonces, ella y su esposo, junto con sus dos hijos, han dedicado su vida al servicio de Dios y a la obra del ministerio. A lo largo de los años, Caroline ha desempeñado diversos roles en el ámbito cristiano. Ha sido maestra, danzora y colaboradora en diferentes ministerios.

Caroline es fundadora del ministerio "Testimonios Cristianos TC" desde el año 2011, en el cual desarrolló el Movimiento de Veladas TC. En este ministerio, se enfoca en *recopilar y difundir testimonios de vida transformados por el poder de Dios, con el propósito de edificar y fortalecer la fe de otros creyentes.*

Como autora, Caroline escribió la primera edición del libro titulado "El Dios que yo conocí", donde comparte su testimonio personal y las experiencias que la llevaron a un encuentro transformador con Dios. Este libro ha sido una fuente de inspiración y aliento para muchos lectores.

Durante siete años, Caroline fue directora de ministerio de adoración en danza, donde tuvo la oportunidad de utilizar su talento para alabar y glorificar a Dios. Además, ha participado en numerosas ocasiones como conferencista en retiros, compartiendo enseñanzas sobre sanidad interior.

Hace un año aceptó el reto de coordinar retiros en su Iglesia CDR, organizando y facilitando eventos espirituales donde los participantes pueden experimentar un encuentro profundo con Dios y recibir enseñanzas enriquecedoras.

Con el deseo de expandir su labor en el ámbito editorial, aportar con su misión y vivir su pasión por evangelizar a través de los testimonios cristianos, Caroline fundó la Editorial Yeh-shu-ah. A través de esta editorial, la cual comenzó este año 2023, busca publicar y promover obras literarias que transmitan un mensaje de fe, esperanza y transformación.

Si deseas obtener más información, acceder a recursos, participar en eventos o compartir tu propio testimonio cristiano con Caroline, con el fin de edificar a otros y mostrar el poder de Dios en tu vida, puedes contactarla a través de los medios de comunicación proporcionados.
Caroline Lallave

E-mail: autoracarolinelallave@gmail.com
Medios sociales:

Caroline Lallave
Testimonios Cristianos tc
@testimonioscristianostc3659. En Youtube.com

Editorial Yeh-shu-ah
info@editorialyehshuah.com

Libros y libretas
https://www.amazon.com/author/carolinelallave.7

Dios les bendiga.

Made in the USA
Columbia, SC
13 February 2024